围棋实战技法丛书

新编围棋定式

马自正 编著

时代出版传媒股份有限公司
安徽科学技术出版社

图书在版编目(CIP)数据

新编围棋定式 / 马自正编著.--合肥:安徽科学技术
出版社,2017.6(2022.6 重印)
(围棋实战技法丛书)
ISBN 978-7-5337-7228-4

Ⅰ.①新… Ⅱ.①马… Ⅲ.①定式(围棋)-基本知
识 Ⅳ.①G891.3

中国版本图书馆 CIP 数据核字(2017)第 115504 号

新编围棋定式

马自正 编著

出 版 人:丁凌云　　　　选题策划:刘三珊　　　　责任编辑:田　斌
责任印制:李伦洲　　　　封面设计:吕宜昌
出版发行:安徽科学技术出版社　　　　http://www.ahstp.net
　　　　　(合肥市政务文化新区翡翠路 1118 号出版传媒广场,邮编:230071)
　　　　　电话:(0551)63533330
印　　制:三河市人民印务有限公司　　　电话:(0316)3650588
(如发现印装质量问题,影响阅读,请与印刷厂商联系调换)

开本:710×1010　1/16　　　印张:15.5　　　字数:279 千
版次:2022 年 6 月第 3 次印刷

ISBN 978-7-5337-7228-4　　　　　　　　定价:49.80 元

前　言

什么是定式？

"定式"一词是日本外来词，又称为"定石"。中国古代称为"套子""棋式""起手式"等。对于这个词的解释各家说法很多。其中，吴清源大师认为："彼此的棋子在角上互相接触时最合理的着法。"在《围棋词典》里的注解是："定式是指在布局阶段彼我棋子在角部接触中双方认可的着法。也是历代高手经苦心钻研后，选择角部变化中比较合理、利益大体均等、双方可行的定型"。但笔者认为还应加上"相对"和"暂时"两个词。因为只有高手"双方认可的下法"才能成为定式，水平低者即使是"双方认可的下法"也不能作为定式来用的。另外，没有也不可能存在绝对"最合理"的着法，如有就不会有新手法不断产生了。有不少定式流行过一个时期就被置之不用了，是因为人们发现了其不当之处。所以定式是在不断改进和发展之中确定下来的。

为什么要学定式？

有人说：下定式损两目。意思是下棋时不能硬搬定式。但笔者认为那是对绝顶高手来说的，对于水平较低的棋手是不适用的。这句话只能作为鞭策学棋者的警语，应是下棋者追求的最高境界。

围棋棋谚"金角银边草肚皮"，对局者绝大多数是从角上下起，逐步向边、中间展开，角部（也就是定式）的得失可影响到全局。若角上失利，在以后的对局中是很难扳回局面的。

所以，熟悉定式是初学者的必修课，大意不得。

定式和中盘有何关系？

这个问题笔者可以偷点懒了，因为吴清源大师阐述得非常清楚。他说：在角部着子以至接触，主要是在布局进行过程中，也就是在逐渐形成布局而走的……布局与定式是互相关联、互相结合的，而又是构成一体出现在盘面上的；如果将两者之间严格地划分开来，对于一局棋来说，实在有些勉强。我认为大体上把定式作为是布局的一部分，也许是比较妥当的……因为虽说定式有分担布局一部分区域的含意，然而在此区域内，它本身却构成一定的"型"。这一点，可以说是定式的特征。

学习定式时要注意哪些方面？

一、定式几乎是集手筋之大成，而次序可以说是定式的灵魂，手筋一旦使用错误,次序若紊乱或颠倒则会"差之千里"。所以,初学者要在熟悉定式过程中领会其中奥妙。

二、先记住各种定式的最基本形,进一步了解其变化,不要怕复杂的定式;再在对局中反复使用,每用过一次后参阅有关书籍,如此日子久了自然能熟练掌握。

三、对定式完成后的先后手一定要记住,在落子前要对定式之后的落子点有个完整的构思才算真正掌握了这个定式。

四、定式完成后各自的势力方向不可忽视,在选择定式前要有充足的准备,这样才能设置好全局子力,使其得到充分发挥。

本书有哪些特点?

一、本书参阅了三十余册有关定式的专著,精选常用的最新定式及其变化图和参考图,并对其得失加以分析,使初学者大致理解每个定式的意义。

二、本书以初学者为主要对象,尽量能详细解说,使内容通俗易懂,并成为初学者必备之书。

三、每个图都说明了是什么性质的定式。尽量说明在不同的情况下各应选择什么型,使初学者对定式有个明确认识。

四、对于本书中提到的"两分""场合定式""黑优""白有利""黑稍亏"等说法,请读者自己在实战使用中逐步领会。

编者

目　　录

第一章　星定式 ……… 1

　第一节　小飞挂 ……… 1

　一、小飞应 ……… 1

　二、大飞应 ……… 3

　三、压靠应 ……… 7

　四、挡压应 ……… 10

　五、单关应 ……… 11

　六、一间低夹和一间高夹应 ……… 15

　七、二间高夹和二间低夹应 ……… 19

　八、三间夹应 ……… 21

　第二节　双飞燕及其他 ……… 22

　一、经典双飞燕 ……… 22

　二、从另一面一间高挂 ……… 25

　三、从另一面二间高挂 ……… 27

　第三节　点三三及其他 ……… 29

第二章　小目定式 ……… 34

　第一节　一间低挂 ……… 34

　一、小尖应 ……… 34

　二、小飞应及拆二应 ……… 36

　三、一间低夹飞压应 ……… 37

　四、一间低夹跳出应 ……… 40

　五、一间低夹压靠应 ……… 41

　六、一间低夹托角应 ……… 49

　七、一间低夹外飞应 ……… 51

　八、一间低夹一间反夹应 ……… 52

　九、一间低夹二间反夹应 ……… 53

　十、一间低夹大斜应 ……… 55

　十一、一间低夹后脱先 ……… 56

　十二、二间低夹飞压应 ……… 57

　十三、二间低夹大跳应 ……… 58

　十四、二间低夹大飞压应 ……… 61

　十五、二间低夹象步飞应 ……… 64

　十六、二间低夹二间反夹应 ……… 65

　十七、二间低夹一间反夹应及其他

　　……… 68

　十八、二间低夹后脱先 ……… 69

　十九、三间低夹飞压应 ……… 71

　二十、三间低夹大跳应 ……… 73

　二十一、三间低夹托角应 ……… 75

　二十二、三间低夹二间反夹应 ……… 76

　二十三、三间低夹一间反夹应 ……… 78

　二十四、三间低夹一间反夹及三间反夹应

　　……… 80

　二十五、三间低夹大飞应 ……… 82

　二十六、三间低夹镇应 ……… 84

　二十七、一间高夹白脱先 ……… 85

　二十八、一间高夹白跳应 ……… 86

　二十九、二间高夹小飞应 ……… 89

　三十、一间高夹托角应 ……… 92

　三十一、一间高夹外托应 ……… 93

　三十二、二间高夹小尖应 ……… 96

　三十三、二间高夹大跳应 ……… 98

　三十四、二间高夹象步飞应 ……… 101

　三十五、二间高夹碰应 ……… 102

　三十六、二间高夹托角应 ……… 103

　三十七、二间高夹尖顶应 ……… 105

　三十八、二间高夹二间反夹应 ……… 107

　三十九、二间高夹一间反夹及其他

　　……… 109

　第二节　一间高挂 ……… 111

　一、下托应 ……… 112

二、小雪崩型 ……………… 114

三、大雪崩型 ……………… 117

四、外靠应 ………………… 120

五、小飞应 ………………… 124

六、一间低夹托角应 ……… 127

七、一间低夹小尖应 ……… 131

八、一间低夹二路跳应 …… 133

九、一间低夹顶小目应 …… 135

十、一间低夹脱先 ………… 136

十一、一间高夹跳出及托角应 …… 137

十二、二间高夹托角应 …… 138

十三、二间高夹外靠应 …… 139

十四、二间高夹大飞应 …… 141

十五、二间低挂小飞应 …… 144

十六、二间低挂肩侵应 …… 145

十七、二间低挂二间反夹应及其他

………………………… 147

十八、二间高挂向外小飞应 … 149

十九、二间高挂向内小飞应 … 150

二十、二间高挂肩侵飞应 … 152

二十一、二间高挂飞压应 … 154

二十二、二间高挂一间反夹应 … 155

二十三、二间高挂脱先 …… 157

第三章　目外定式 ……… 159

第一节　小目挂 ………… 159

一、飞压应 ………………… 159

二、一间反夹应 …………… 163

三、二间反夹应 …………… 170

四、二间高夹应 …………… 174

五、拆边应 ………………… 177

六、大斜应 ………………… 180

第二节　高目挂 ………… 200

一、小飞应 ………………… 201

二、压靠应 ………………… 205

三、尖顶应 ………………… 209

四、三三跳下应 …………… 210

第三节　三三侵入 ……… 212

一、小飞应 ………………… 212

二、一间反夹及二间反夹应 … 213

三、靠下应 ………………… 215

第四章　高目定式 ……… 217

第一节　小目挂 ………… 217

一、内托应 ………………… 217

二、外靠应 ………………… 220

三、小飞应 ………………… 222

四、大飞罩应 ……………… 227

五、一间反夹及二间反夹应 … 229

第二节　三三点入 ……… 231

一、尖顶应 ………………… 231

二、向外小尖应 …………… 232

第五章　三三定式 ……… 234

第一章 星 定 式

基本图：如图 1 所示，黑❶正处于棋盘横竖均为四路的坐标位置上，被称为"四四"，又被叫做"星"。围绕这一点产生出来的定式被吴清源大师定名为"星定式"，已被大家所认可并接受。

吴清源大师认为星定式可分为三类：

（1）只适用于让子，这一类因黑方被让子，为了简单，变化少，易于掌握，局面宁可稍吃点亏的下法。

（2）是在分先时所用，属于两分。

（3）两者皆可用。对于第一类可称为"让子定式"或"置子定式"。

应对黑❶星位的挂法以 A 位小飞挂最为常见，B 位在引征和让子中为取外势时多下，C 位二间低挂等也是让子棋中多下，D 位点入三三多是黑两边有子时，要先手得角时才肯下，E 位是所谓"二五侵分"，是在序盘进入中盘时入侵黑角的一种方法，F 位托也是外部有黑子时的变通下法。

第一节 小飞挂

图 1－1 为小飞挂基本图，对于黑❶星位，白②小飞挂是最常见的下法，由此而产生的定式也相应最多，黑棋有 A、B、C、D、E、F、G、H、J 等处应。其中以 A、B、C 最为常见，而 D 以下的夹则是配合右边势力而采用的下法。

古代还有"镇神头""倒垂莲"之类的应法，因为其结果黑棋多亏，现在已被淘汰。

一、小飞应

图 1－1－1，黑❶向下面小飞是重视角地的下法，以前用者较少，但最近非常流行，主要是因为既可以坚实地取得角地，又可以取得先手。

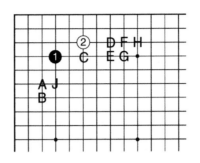

图 1-1

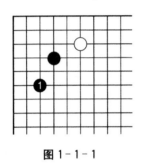

图 1-1-1

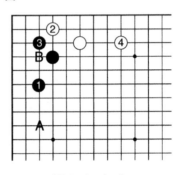

图 1-1-1-1

1. 定式

图 1-1-1-1,黑❶飞时,白②向角里飞入,黑❸在三三小尖应,白④拆二,黑角虽小了一点,但取得了先手,可以满足。黑❸也有脱先者,以后白在 3 位尖,黑即于 A 位拆二,切不可在 B 位挡,如挡则亏。

2. 定式

图 1-1-1-2,白②飞时,黑❸反击是有力的下法,也是为了取得外势。但须征子有利时方可采用。白④尖入角,黑❺尖顶,白⑥渡过,黑❼扳,白⑧扳出是为留有余味。至黑⓫征吃白⑧一子。如黑征子不利则只有 A 位退,白⑧一子以后有种种利用。以后黑 B 位跳下是先手。

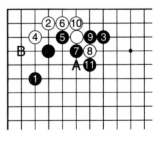

图 1-1-1-2

二、大飞应

图 1－1－2 为大飞应分类图,白挂时,黑❶大飞应在以前是常用的,认为"小飞窄逊大飞宽",但现在认为大飞角部的空虚容易被对方掏去。所以现在对局中不多见,但初学者不可不掌握其基本变化。

对黑的大飞,白棋有 A 位点三三、B 位托、C 位小飞和 D 位拦的应手。

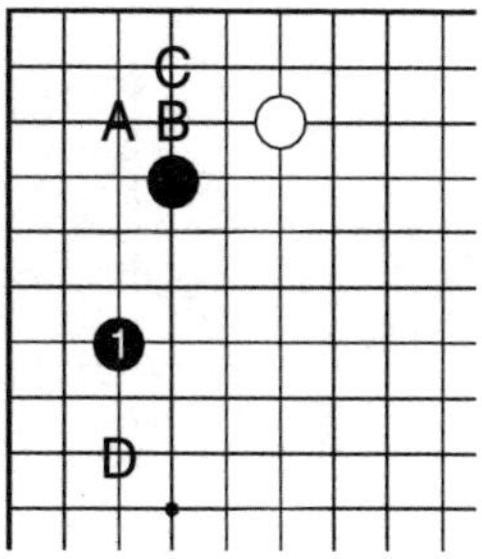

1. 定式

图 1－1－2－1,黑❶大飞,白②向角里飞,黑❸小尖,白④拆二,这虽是一个定式,但黑棋比原在 A 位时多了一路,显然好一些,白棋一般是不愿这样下的。

图 1-1-2

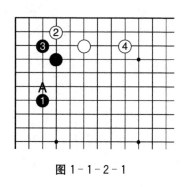

图 1-1-2-1

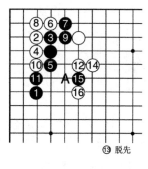

⑬脱先

图 1-1-2-2

2. 定式

图 1－1－2－2,黑❶大飞时白②点角,黑❸挡的方向正确,不能轻易让白从 3 位连回。白④先长再⑥ ⑧扳粘次序正确,黑❼ ❾当然也是扳粘。白⑫跳时,黑⓯是防白 A 位刺,至白⑯是一个古老的定式,结果白得角,黑得外势,可算两分。

3. 参考图

图 1－1－2－3,接图 1－1－2－2,白①刺,希望黑棋在 3 位接后再 A 位跳起。黑❷一定要反击,在上面扳起。好手!白③断不妥,因黑❹飞起后,白中间两子反而成了孤棋。所以当白 A 位跳时黑棋不能脱先,否则白即在 1 位

刺,黑大损。

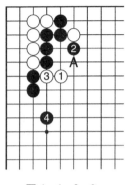

图 1－1－2－3

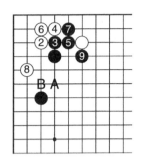

图 1－1－2－4

4. 定式

图 1－1－2－4,白④先扳粘后直接在 8 位小飞,黑❾转身扳,黑如果在 A 位补,被白在 9 位长出则不爽。黑❾以后白如果在 A 位飞出,黑即在 B 位冲断进行战斗。初学者不要害怕战斗,只有从不断战斗中积累经验,才能使自己的棋力长进。

5. 定式

图 1－1－2－5,当黑❸挡时,白④不在 5 位长,直接在 4 位扳。黑棋为了保存下面的空,不在 A 位扳而于 5 位曲下,白⑥虎,黑❼打,白⑧接上后,黑不要急于接上而是向下拆二才是正着。黑棋上步调快一些,所以一般黑❸挡时白都会在 5 位长的。

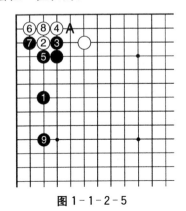

图 1－1－2－5

图 1－1－2－6

6. 定式

图１－１－２－６,白④扳时,黑❺在外面扳,白⑥虎,好手! 黑❼必打,是先手便宜。白⑩点,黑⓫不能不长,至黑⓯扳,白⑯打一手留下余味,再白⑱接,黑⓳打后,白⑳仗着征子有利而长出,但黑㉑虎后白㉔仍要逃,黑㉕隔断上、下白棋的联系,白较难下,应是黑稍优局面。

7. 又一种下法

图１－１－２－７,黑❶大飞时,白②到下面逼,是在让子棋中的一种下法,黑子往往不知怎么应对,稍不小心就会吃亏。但是黑棋只要稳住心情,以静待动,一般不会吃亏的。

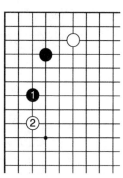

图1-1-2-7

8. 定式

图１－１－２－８,黑❶立下叫做"玉柱",白②打入也是要点,黑❸ ❺连压,白④ ⑥扳渡过,黑❼接上,白⑧曲是在这个形中补断的好手。黑❾靠下也是紧凑之着。白如 A 位冲,则黑 B 位退即可。白虽掏得一点角部实利,但整体黑厚实,应是黑好一些。

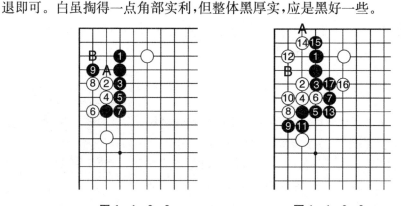

图1-1-2-8　　　　　图1-1-2-9

9. 定式

图１－１－２－９,当白④顶时,黑❺向上长,态度强硬。白⑥上冲一手,使黑有两个断头,再⑧ ⑩扳粘,黑❾ ⓫应后白⑫飞出,黑⓭补断,白⑭尖是先手,黑⓯挡后白⑯刺正是时机。这个定式应是白棋外势已形成后白棋才不亏。如

布局阶段即下成这样,被黑封在里面,白棋明显不利。以后官子时黑 A 位扳时白只能 B 位退,否则会成劫。

10. 定式

图 1－1－2－10,黑❶立时,白②在外面跳起是为了扩张右边势力才肯下的一手棋。黑❸飞应是坚实的好手,白④压,黑❺长后黑角已无懈可击。黑❸如在 5 位跳,白有 A 位点入的手筋。

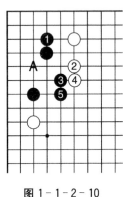

图 1－1－2－10

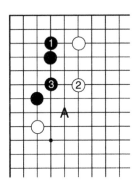

图 1－1－2－11

11. 定式

图 1－1－2－11,白②在右边大跳,黑❸小尖应后角部已很牢固,但白有 A 位飞封的手段,黑不能不做充分准备。

12. 定式

图 1－1－2－12,白②大跳,黑为了不被封住而改在 3 位跳,白④当然不会放过进角的机会,立即靠入,黑❺虎,白⑥长入,黑❼是反击的妙手,如在 8 位立阻渡则白从 A 位冲出,黑将很难对付。白⑧渡过必然,黑❾长出,白挖了黑角地,而白右边一子几乎失去活力,应算两分。

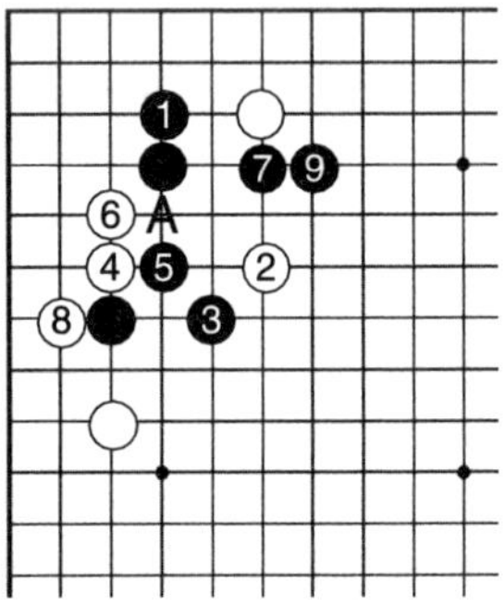

图 1－1－2－12

小结:

前面介绍了对付白小飞挂的小飞和大飞两种应法,初学者对两者之间的区别要有清醒的认识。

以前认为小飞太狭窄,不够生动,又有点局促,所以在对局中见的不多,但因为其可以得到先手,布局时可以加快速度,加上其变化较为简单,所以为现代棋手所喜爱,几乎每盘棋中都可见到,这就是时代观念的改变和影响。

大飞因其宽一路,变化比小飞复杂一些,所以角部不踏实,容易被对方掏走。现在对局中几乎已见不到这种下法了。

两种应法对方都有向角里小飞和托等下法,其中不同之处初学者要仔细对比玩味。大飞则多了一个拦,更应了解。决不能因现在不常用就不去了解它。

三、压靠应

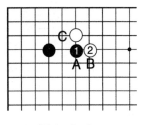

图 1-1-3,对于白棋的小飞挂,黑❶压靠,古代称为"倚盖",是古代常用手法之一,但结果往往把白棋走实,而失去变化。是"让子定式"中最多的一型,所以在让子棋中常见。初学者更应掌握其变化。

图 1-1-3

对付白②,黑 A 位长最为常见,B 位扳被称为"大压梁",现在对局中已不见此手,C 位虎是重视角上实利的下法。

1. 定式

图 1-1-3-1,黑❶长,白②向角里长入,黑❸挡,白④拆,黑❺跳。这是一个很古老的定式,白棋稍占便宜一点。

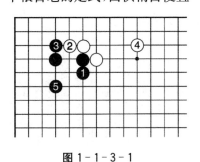

图 1-1-3-1

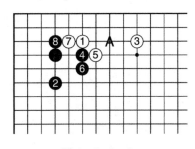

图 1-1-3-2

2. 分析

图 1-1-3-2,当白①对星位小飞挂时,黑❷跳是正应,而白③拆三,黑本可伺机 A 位打入,但现在却在 4 位压靠,白⑤扳起后黑又 6 位退,显然不是好手,让白⑦长向角,黑❽挡而且是后手,白当然满意。

3. 定式

图 1－1－3－3,在分先对局中,当白①拆时,黑❷多在下边拆补。但以后白棋有 A 位点入和 B 位冲的手段,黑棋要有所准备。

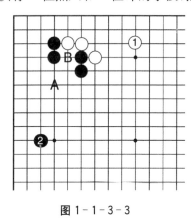

图 1－1－3－3 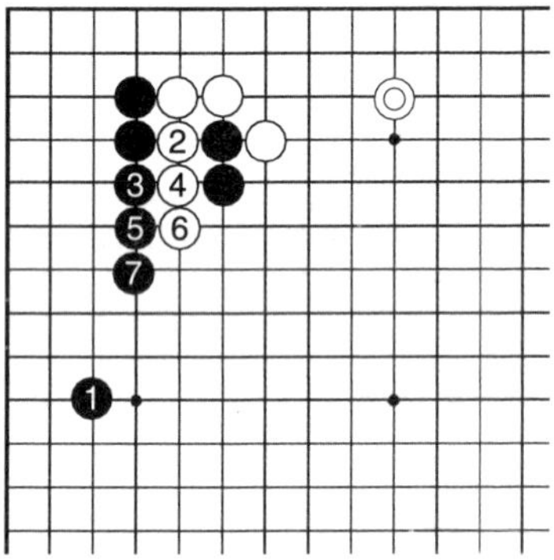　　　　　　图 1－1－3－4

4. 参考图

图 1－1－3－4,对待白②的冲,黑棋如在 4 位挡也可以,但变化较为复杂,其实初学者可以 3 位退,白④ ⑥冲出后,至黑❼是爬四路,而白棋紧贴黑子虽吃得两子,显得◎一子太近,有重复之嫌。黑可满意。

5. 定式

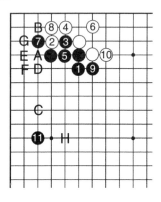

图 1－1－3－5,黑❶长时,白②到角上托,黑❸挖是要点,厚实! 白⑥虎是必然。黑❼先打角上一子,再黑❾压出是次序,不可错。如先曲,白即 7 位长出太大。黑⓫也有拆到 C 位的,是为了护住 A 位断头。以后由 A 位断吃黑❼一子或黑 B 位挡下有 20 目的大官子。如果现在白立即断,经过黑 D、白 E、黑 F、白 G 后,黑在 H 位跳出,外势厚壮,白虽吃得一子,但得不偿失。

图 1－1－3－5

6. 参考图

图 1－1－3－6,黑❶拆近两路的目的是补断头,白②断,黑❸打,白④长

无理!黑**5**贴长,白⑥曲,黑**7**扳,白⑧打时,黑**9** **11**从下面渡过,再黑**13**顶紧气,以下至黑**17**枷,白⑱冲时黑**19**扑一手是关键。黑**23**后白被全歼。

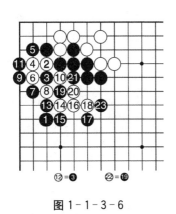

图1-1-3-6

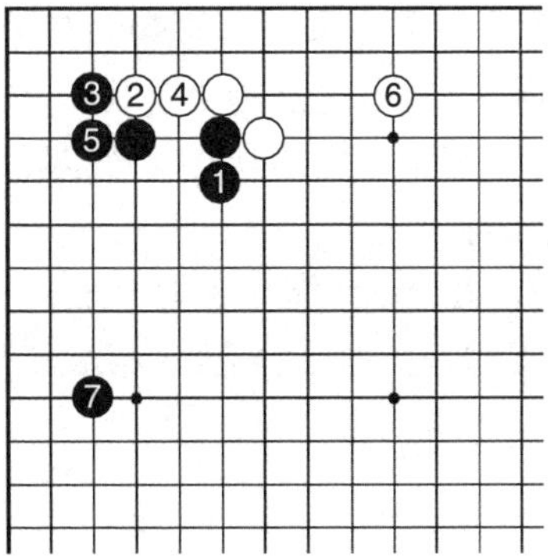

图1-1-3-7

7. 定式

图1-1-3-7,黑**3**不在4位挖,而在3位角上扳,也是正应,白④接,黑**5**也接上,白⑥拆,黑**7**拆后各有所得是两分局面。

8. 定式

图1-1-3-8,当黑**1**长时白②点三三,黑**3**虎,白④长出,黑**5**打吃白一子,白⑥跳,以前白④有在A位小飞的应法,嫌过松。如图至白⑥跳是两分。如黑原在B位有子是三连星布局,白棋更为生动。

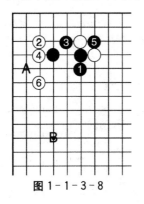

图1-1-3-8

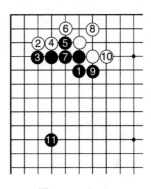

图1-1-3-9

9. 场合定式

图 1－1－3－9，黑❷点时黑在 3 位挡，白④长回，黑❺挖，至黑❾必压一手后再 11 位拆，这是在一定场合下黑棋才可使用，因为白角实利太大，黑⓫后能否保证获得相应的利益要看以后黑棋如何发挥了。

小结:

黑棋压靠，白扳后黑棋长出，变化比较简单，以黑棋得角为主，白棋也可如图 1－1－3－1 进行转换，但稍有损失。在让子棋中黑棋可下，但学到一定水平后，一般不再或很少使用了。

四、挡压应

图 1－1－4，白②扳时黑❸虎下，白④打，黑❺接，黑虽被打成愚形但有两个好处:一、使白棋失去 A 位点的可能，角部坚实;二、是白棋产生了两个断头。以后白有 B 位立，C 位接，D 位接，E 位虎，F 位飞下等应法，前三点为正应，E 位少见，而 F 位则有欺着味道。吴清源大师称这一类定式为"压挡定式"。

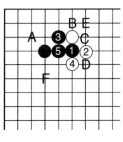

图 1－1－4

1. 定式

图 1－1－4－1，白②在外面接是重视外势的选择，黑❸打，白④反打，黑❺提后，白⑥打时黑千万不可接，如接则白立即在 7 位飞压下来，所以黑❼跳是正应，上面的劫留到以后再说。这是挡压定式的一个典型。黑❼有时下在 A 或 B 位，这要根据周围情况而定。白⑥如不打，在 7 位飞，则黑 C 位扳出，黑好!

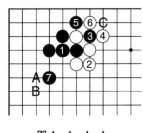

图 1－1－4－1

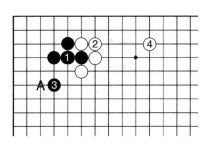

图 1－1－4－2

2. 定式

图 1－1－4－2,白②改为上面接是重视上面的下法,也是正应,黑❸跳,白④拆三,双方简明,两分。在下面有白子时,黑❸应改为 A 位小飞。

3. 战斗

图 1－1－4－3,白②接时黑❸断是挑起战端,白④长黑❺也长出,白⑥当然拆二,黑❼在左边跳,这样中间黑白各两子将有一番战斗,但相对来说黑棋好处理一些。

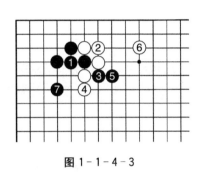

图 1- 1- 4- 3 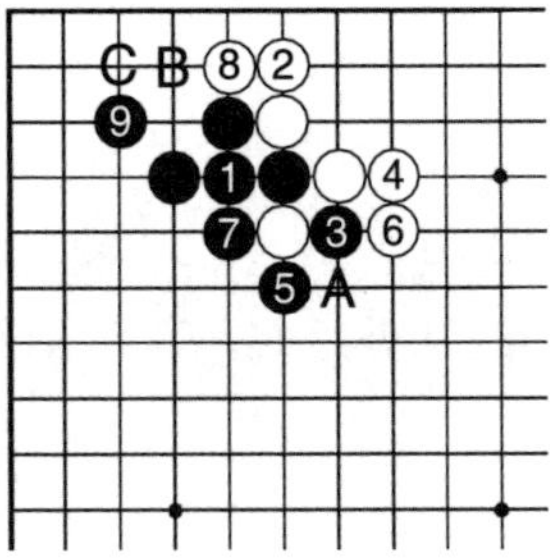   图 1- 1- 4- 4

4. 定式

图 1－1－4－4,白②立下也是正应,黑❸当然断,白④退,黑❺吃白一子,白⑥打后黑❼提干净! 也有 A 位接的,白⑧向角里曲是必然的一手棋,黑❾尖好! 如在 B 位挡,角上留有白9位刺、C 位夹等手段,应是两分。

小结:

在倚盖定式中黑棋虎挡是坚实的下法,简明可行,但多滞重,在让子棋中被让一方采取这种下法还是很有力的一手。

五、单关应

图 1－1－5,白②挂时黑❸跳,是一种应法,叫做“单关应”,从发展眼光看优于小飞应。同时角部略觉空虚。白棋有 A 位飞入角,或直接在右边 B 位一带飞,还可 D 位点角的下法。至于 C 位反夹,一般为让子棋中的手段。

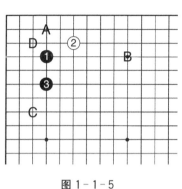

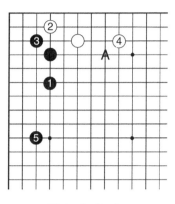

图 1-1-5　　　　　　　　　　　　图 1-1-5-1

1. 定式

图 1-1-5-1,黑❶跳,白②飞角,黑❸小尖,白④拆二,黑❺拆边,这是一个典型的常见定式。有时白为配合右边子力可在 A 位小飞,黑❺也可脱先他投。

2. 场合定式

图 1-1-5-2,黑❶跳时,白棋为了加快右边布局速度常在 2 位大飞,黑仍 3 位拆边。以后白有 C 位的点入,黑以后如要补角不可在 A 位顶。若顶,则白 B 位上挺后仍有 C 位的点入,所以黑棋在 D 位跳下才是补角的要点。

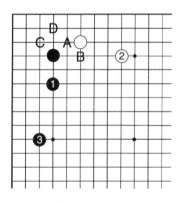

3. 定式

图 1-1-5-3,白②直接点角,过早! 黑

图 1-1-5-2

❸挡,白④ ⑥扳粘,黑❺ ❼必然。白⑧飞求做活。对应至黑⓯接后,白被封在内,黑棋外势雄厚,不是白棋实利能抵消的,白棋明显不利。所以白棋只有在外部已取得相当势力时才能这样下。

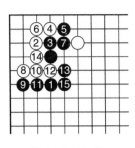

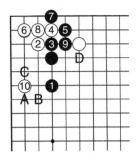

图 1-1-5-3　　　　　　　图 1-1-5-4

4. 定式

图 1-1-5-4,当黑❺扳时,白⑥虎,黑❼打是先手便宜,黑❾粘后,由于有白⑥一子,白⑩可大飞。这样就能多破一些黑棋的空。以后黑棋可选择 A 位靠封住白棋,或在 B 位尖、C 位弃子封白棋以及到上面 D 位扳等根据外面情况采取有利于自己的落子点。

5. 定式

图 1-1-5-5,由于黑棋下面有黑▲一子,左边是黑棋成空的方向,而白棋右边有◎一子白棋,所以黑棋采取了 3 位曲,白④虎,黑❺打,白⑥接上后黑不急于 A 位接,可脱先他投。黑❺如不打,白 A 位扳是先手。黑❺打后,白A、黑 B,黑是先手。这一点初学者要领悟。另外,黑❶不能直接在 3 位挡,否则让白 1 位拉回,黑大亏!

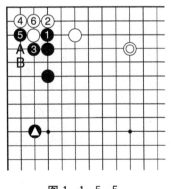

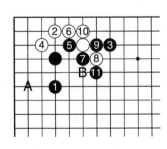

图 1-1-5-5　　　　　　　图 1-1-5-6

13

6. 定式

图 1－1－5－6,此图与小飞相似,但由于黑❶高一路,白可 A 位大飞。黑若征子不利,黑⓫可 B 位长。

7. 定式

图 1－1－5－7,当白棋征子有利时就有白②挤的手段,黑❸打后的下法几乎是命令型。但前提是白⑩必须能征吃黑❸一子,至白⑫提,由于黑▲一子比小飞高一路,所以白棋外势完整,应是两分。

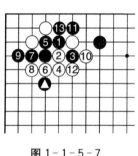

图 1－1－5－7

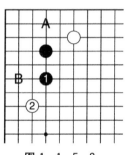

图 1－1－5－8

8. 白棋逼

图 1－1－5－8 当黑❶跳时,白到下面逼,这是让子棋常用的下法,使黑棋感到 A、B 两方均有被白棋飞入的可能,其实应看到两边白子都很单薄并不可怕。

9. 黑无能

图 1－1－5－9,黑棋因惧怕白棋两边的飞入,而于 1 位、3 位两处尖顶,是帮白棋② ④加厚势力,而且黑方仍有被 A 位和 B 位的点入。如再于 A 位补一手,角部虽然已安全,但已大大萎缩了,一般是不能接受的。

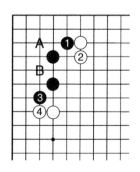

图 1－1－5－9

10. 定式

图 1－1－5－10,黑❶反过来二间反夹白子,才

14

是积极的下法。白②跳出,黑❸跳了既阻止了白棋的上下联络,又防止了被封。白④尖出后黑❺尖顶,一是保角,二是防止白 B 位刺。白忙于安定自己,无暇 C 位点角了。

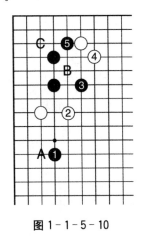

图 1－1－5－10 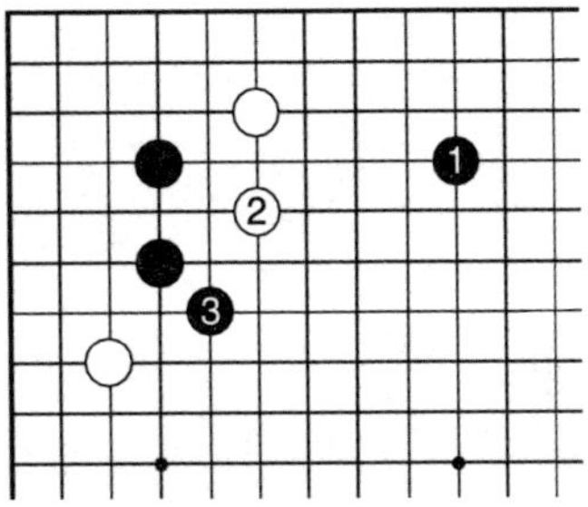　　　　　图 1－1－5－11

11. 定式

图 1－1－5－11,黑❶也可根据局面上的配置到上面夹击白一子,白②跳出,黑❸尖出仍是分开白棋和防白封锁。若白下到此处黑要冲出就很难了。本图虽子数不多,但仍是一个两分定式。以后白要对上下两处白棋进行处理。黑棋总可在攻击一方白棋中获利。

小结:

对于白小飞挂时白单关应,以后的下法和白小飞应、大飞应有相同之处,但其中仍有一些区别,初学者要仔细辨别,不可混淆。对于白棋到另一面反夹,黑棋只要有勇气反击,就不会吃亏。

六、一间低夹和一间高夹应

图 1－1－6,白②挂时黑❸在隔白②一路三线上反夹,被称为一间低夹,或一间夹,是现在最为流行的一种下法。白棋有 A 位点三三,B 位跳出以及从另一面 C、D 反挂等应法。

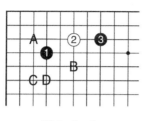

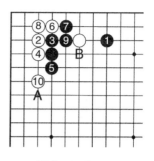

图 1-1-6　　　　　　　　　图 1-1-6-1

1. 定式

图 1-1-6-1,白②点三三是一种求转换的下法,黑❸挡下,白④先长出再白⑥扳,次序正确,双方对应到白⑩,白得角部实利,黑外部也很整齐,且得到先手,应是两分。初学者记住以后白棋如要落子 A 位是本手,由于黑❶很近,不需在 B 位扳补,如补则重复,又落后手,亏!

2. 定式

图 1-1-6-2,白②点三三时白 A 位一带有子,黑❸应从下面挡,白④退,黑❺长,白⑥立,这一补法初学者要懂得,不可 C 位接,否则以后黑 D 是先手便宜,而且白失去 E 位托的官子手段。黑❼是后手,如 A 位一带无子,白即于 B 位一带落子;黑棋外势将失去作用。这是一个典型定式的选择实例,初学者要加以领悟。

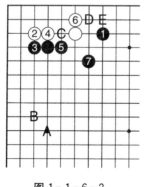

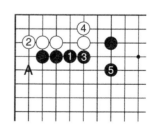

图 1-1-6-2　　　　　　　　图 1-1-6-3

3. 定式

图 1－1－6－3,当黑❶长时白②立下,黑❸压,白④立补,黑❺跳。此也
是定式的一型,但由于 A 位露风,黑棋多不满,所以现在对局中已不太常见了。

4. 定式

图 1－1－6－4,黑❶长时白②不立而上冲,黑❸冲,白④挡后白棋产生
两个断头,在哪边断的选择权是黑棋的,黑❺在左边断,白⑥打是根据"棋从断
处打"的棋谚。黑❼反打,白⑧提,黑❾扳是弃子取势的下法。白⑩打、黑经过
⓫⓭打后⓯虎。白被包在内,黑外势雄厚,应是黑稍好。

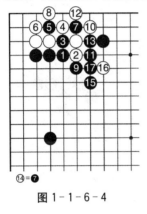

⑭=❼

图 1－1－6－4

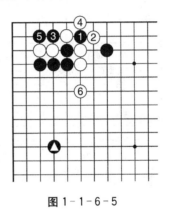

图 1-1-6-5

5. 定式

图 1－1－6－5,黑棋选择了右边断,白当然打,黑❸在左边打,白④提,
黑❺吃去角上白棋两子,实利不小,白⑥跳出。和图 1－1－6－5 的区别是:
黑虽得角,但由于白⑥的跳出,黑▲一子受到一定影响,而右边一子黑棋也要处
理。结果还是两分。

6. 定式

图 1－1－6－6,黑❶夹时白②跳出,是现代布局常用的下法,黑❸当然
在左边跳起护角。白④罩,黑❺长,白⑥长,黑❼冲,白⑧当然挡,黑❾长,白⑩
长后黑⓫跳,白⑫飞,黑⓭跳,也有和右边子力配合而 A 位并的。结果,黑棋取
得上边实利,白得外势。要看白棋外势如何发挥了。要注意的是白棋在 B 位点

17

角的手段。也有白在 C 位补一手的,但现在多脱先不补了。

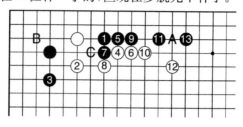

图 1－1－6－6

7. 定式

图 1－1－6－7,当白②罩时,黑❸顶是重视实地的下法,白④挡下,黑❺扳,白⑥顶后黑棋取得先手后他投。以后黑 A 白 B 几乎是黑棋的绝对先手权利。目前应保留,因为一旦右边有黑子呼应可 B 位长出。

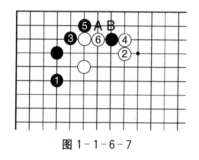

图 1－1－6－7

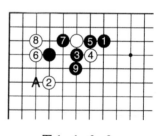

图 1－1－6－8

8. 定式

图 1－1－6－8,当黑❶夹时,白②到右边高挂,现在对局中也常见到。黑❸压住右边一子,白④扳是为留有余味,也有不扳的下法。黑❺断,白⑥托角,黑❼打,正确! 白⑧进角,黑❾长出。结果形成白得角,黑外势也很厚,应是两分。白②如在 A 位低挂时也可如图进行,结果大同小异。至于黑❾的长也有脱先的。

9. 定式

图 1－1－6－9,白棋为了让白◎一子发挥作用也可直接 2 位托,黑❸虎正确。白④长入角,和图 1－1－6－8 大同小异。保留了 A 位扳和相机 B 位长的权利。当然是两分结果。

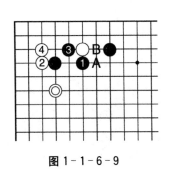

图 1-1-6-9 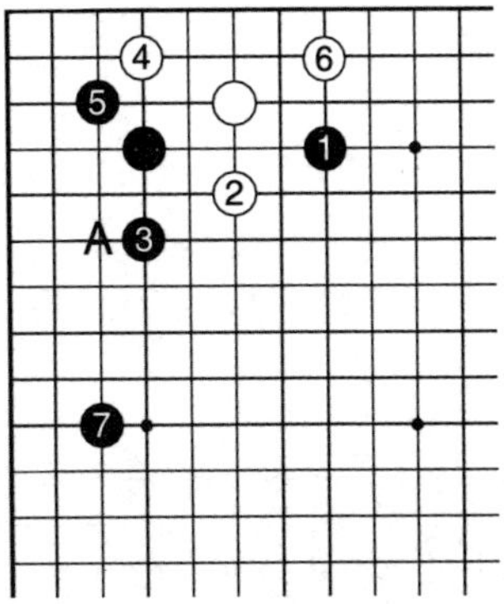   图 1-1-6-10

10. 定式

图 1－1－6－10,黑❶在四线隔白棋一路夹,称为"一间高夹",白②跳出,黑 ❸守角正应。白④向角里小飞,黑❺尖,白⑥再向另一边飞是为了生根。黑❼拆边。黑❸如在 A 位小飞也是一法,那白⑥后黑不用 7 位拆,可取得先手,但对白棋影响就要小一些了。

小结:

一间高夹,在三连星时运用最为生动,其变化多围绕三三进行。变化简明,现代布局中为追求速度多采用此法。

一间高夹在白棋跳起后容易被分开,所以在外面无援子时多不采用。

七、二间高夹和二间低夹应

图 1－1－7,白②挂,黑❸隔二路在三线夹击白子,被称为二间低夹,或二间夹,若高一线叫二间高夹,此型以 B 位点三三较多。而因黑❸一子的位置不好,所以对局者只有在特殊情况下才用。

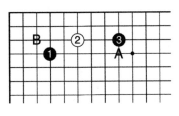

图 1-1-7

1. 定式

图 1-1-7-1,白①点三三,以后次序完全和一间夹相同,只是由于黑⬤一子较远,不得不 10 位扳一手。如不扳,白以后有 10 位长、A 位跳、B 位夹等手段。有时黑为争先手也可 10 位不补而脱先他投。

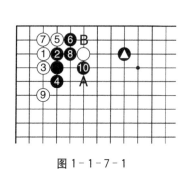

图 1-1-7-1

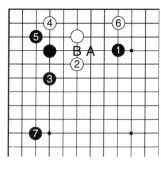

图 1-1-7-2

2. 定式

图 1-1-7-2,当黑❶夹时,白②跳起,以下对应和一间高夹相同,但比一间高夹更为有力,使❶变成一子浮棋,如黑为了安定自己而在 A 位刺,白 B 位接后反而更加坚实,黑无所得。由此可见二间高夹时黑要慎用这样的定式。除非黑❶有相当多的外援。

3. 定式

图 1-1-7-3,此型一再出现,但由于黑❶远了一路,一般黑⓫要补一手。只有在特殊情况下才可脱先。对白◎一子以后的活动一定要有充分准备。

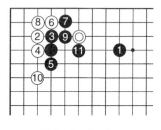

图 1-1-7-3

4. 定式

图 1-1-7-4,因为下面有黑⬤一子,所以白②点三三时黑必然在下边挡,白⑥上挺是为了在外面多留一点余味。黑❼冲后,以下是双方必然对应。其中黑⓱多长一手是弃子手筋,以后黑可 A 位搭下,封住白棋。而白⓴尖也是好手,如在 B 位曲,黑立即可在 20 位夹,先手封住白

棋。对应至黑㉑,白角实利不小,还有白⑭一子的余味,又是先手。黑棋左边围地不小,应属两分。

小结:

二间低夹是不好的一种夹法,使用者也不多,而二间高夹则极为常见,关键是夹击的一子好处理。初学者要把两者之间的区别严格分开。

八、三间夹应

图 1-1-8,黑❶比二间低夹又远了一路,

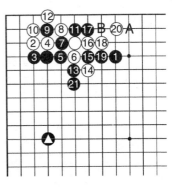

图 1-1-7-4

称为三间夹,在 A 位高夹的很少。由于夹得较远,所以比较缓,但在配合右边星位黑子时可以说是一种有力的下法。

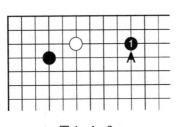

图 1-1-8

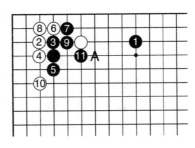

图 1-1-8-1

1. 定式

图 1-1-8-1,此型仍是两分,但由于黑❶较远,以后白 A 位扳出后有较多利用,但也要待机而动。

2. 定式

图 1-1-8-2 白①飞角,黑❷尖,白③拆一也不是不行,虽然小了一点但已安定下来,可以放心到他处着子。黑❹当然也可下在 A 位,这要酌情而定。

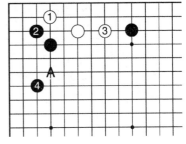

图 1-1-8-2

21

3. 参考图

图 1 - 1 - 8 - 3,黑❶三间高夹虽不多见,也有下的,此时白④就应飞起。

另外,白②也有在 A 或 B 位反挂的,已归入"双飞燕"类,请参阅。

小结:

三间夹是为照顾全局下出来的棋,一般不用,结果多是黑棋局部稍亏一点。

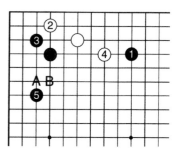

图 1 - 1 - 8 - 3

第二节　双飞燕及其他

一、经典双飞燕

图 1 - 2,白①挂角后,黑❷脱先他投,白③又从另一面挂,三子如小燕子般展翅而飞,故名"双飞燕"。黑棋在 A 位尖出,原为古法,现在又开始有人在实战中应用了。多在 B、C 位压,至于压哪一边,多以"压强不压弱"为准。

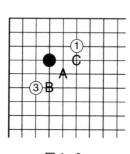

图 1 - 2

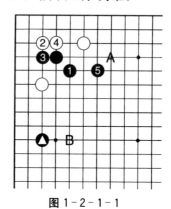

图 1 - 2 - 1 - 1

1. 定式

图 1 - 2 - 1 - 1,黑❶尖出,这虽是古法,但很实用,至今对局中还可常见此手。由于下面有黑⬛一子,所以黑❸在下面挡,方向正确。白④长回后黑❺跳出,一般白在 A 位飞,黑可 B 位跳,扩大规模。黑❸挡的选择是黑的权利。黑

❶尖后,白也有脱先的,因两边长回总可得到一处。

2. 定式

图 1-2-1-2,黑❶压,白②扳,至黑❺挡,白⑥尖是手筋,白⑧在黑❼尖顶时扳是必要的一手,黑❾虎是关键,如直接 11 位虎白立即会在 A 位打,黑为难。白⑩接后黑⓫必然守角。白⑫跳,黑⓭尖防白封头。白⑭拆后黑⓯扳是为了防止白 B 位夹。

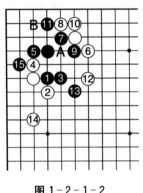

图 1-2-1-2

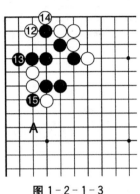

图 1-2-1-3

3. 参考图(欺着)

由于图 1-2-1-2 是双飞燕的典型定式,为了让初学者更深入理解,不得不举出几种变化图来加以说明。

图 1-2-1-3 白⑫不在 A 位拆是欺着,黑⓭立,好手! 白⑭只有渡过,但黑⓭断后白两子被吃,得不偿失!

4. 参考图(上当)

图 1-2-1-4,白⑫夹时,黑⓭扳,想吃掉右边白棋三子,小气! 白⑭后,黑⓯不得不接。白⑯渡过,黑⓱断,白⑱先打一手是先手便宜,然后通过白㉒以后几手逼黑提白三子,黑被封,而白两边均有厚势。如黑外面逃不出去还要做活,所得不过五目而已,大亏!

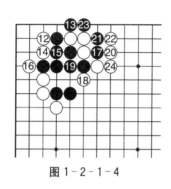

图 1-2-1-4

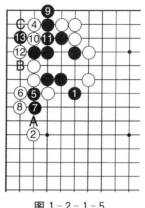

图 1-2-1-5

5. 参考图(白崩溃)

图 1-2-1-5,现在说一下双飞燕中白棋下面为什么拆到 A 位,而不是 2 位。

黑❶尖时白②拆,由于远了一路,黑就不必 B 位补了,可脱先他投。白④夹时黑❺先转到下面断,等白⑥打,黑❼长,白⑧长后,再回到上面 9 位立下,白⑩、黑⓫接时白⑫渡过,黑⓭断,白无法 C 位打,因若黑 B 位打则白无法两全。

6. 定式

图 1-2-1-6,黑❶长时白②点角,黑❸虎下,白④退回,黑❺打,结果和压靠后白点三三、黑虎的定式相同,不过是另一次序而已。

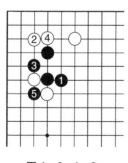

图 1-2-1-6

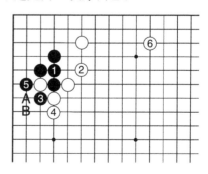

图 1-2-1-7

7. 定式

图 1－2－1－7,当黑❶接时白棋重视外势,在 2 位跳起封锁黑棋,黑❸在下面打,白④退,正确!是和当初白②跳相应的一手棋。黑❺提后白⑥拆,两分。黑❺如不提白可 5 位立下,利用弃子。黑 A,则白 B 先手封住白棋。

二、从另一面一间高挂

图 1－2－2,当白①小飞挂时,黑❷脱先,白③从另一面高挂,也属于双飞燕类型,黑棋在两面夹击下应有充分准备才行。

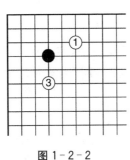

图1-2-2 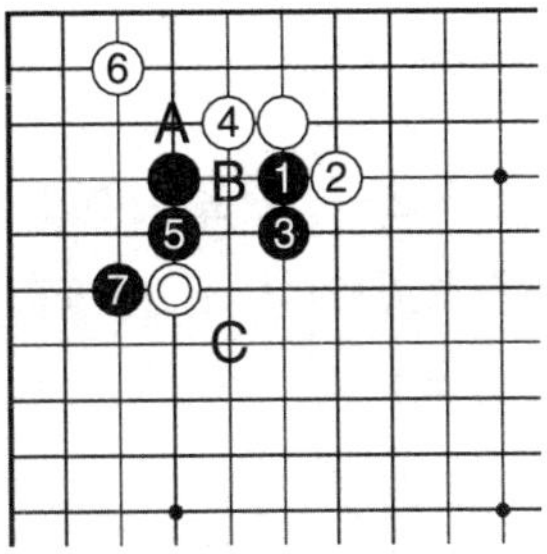   图1-2-2-1

1. 定式

图 1－2－2－1,这是一个典型定式,虽手数不多,但很有讲究。黑❶压靠,白②扳,黑❸长,白④向角里长,黑❺顶,正确!白⑥飞角,黑❼扳不能省略。结果两分。如其中黑❺在 A 位挡,白即 B 位冲,由于白◎一子在高位,黑将被断开,难以处理。黑❸在 4 位虎也不好,如虎则被白 3 位打,白◎一子位置正好!黑❼如不扳,被白 C 位尖出,黑将无所得。

2. 定式(让子)

图 1－2－2－2,黑 ❶改个方向压也是一法。白②先扳后再 4 位托角,好手!黑❺挡下,白⑥退回。黑❼扳时白⑧挤正是时机。黑❾虎,经过白⑩和黑⑪的交换再 12 位接上,次序好!黑⑬飞控制白一子。此型白稍好,让子棋可下。

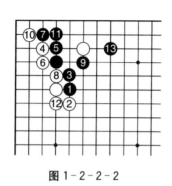

图 1-2-2-2 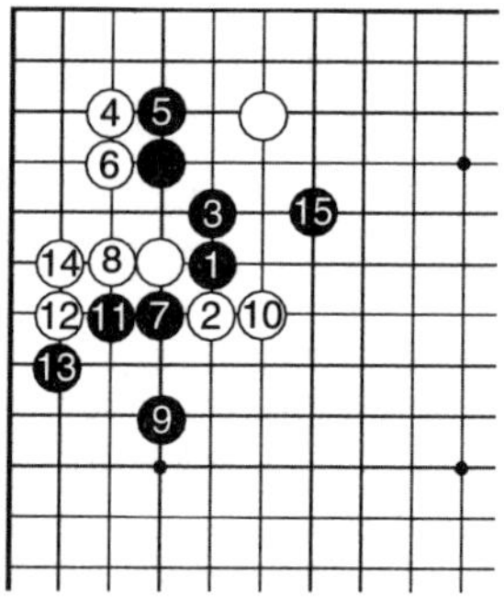　　　　　　　　　　图 1-2-2-3

3. 变化图(战斗)

图 1-2-2-3,当白⑥退回时,黑❼断是挑战,白⑧立下,黑❾跳是形。白⑩长,以下至黑❺跳,以后将进行一场激战,双方都应有充足的准备。

4. 定式

图 1-2-2-4,图 1-2-2-2 中黑❸退时白④虎是求简明,黑❺守住三三以静待动,好手! 初学者要学会这类下法。也是所谓"两边同形走中间"的一形。所以星位两边有子时往往三三是要点。

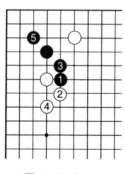

图 1-2-2-4

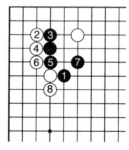

图 1-2-2-5

5. 定式

图 1-2-2-5,当黑❶靠时,白②直接点三三也可。黑❸挡,白④退回,黑❺不得不顶。白当然连回,黑❼虎后白⑧长出,应是两分。

6. 定式(让子)

图 1－2－2－6,黑❶跳下是重视角上实利的下法,白②跳起封住黑棋。黑❸托后 5 位退是定型。白⑥接上,黑得先手。这在让子棋中黑棋为求简明是可下的,但外面一定要有势力,否则被封多少有些闷气,不爽!

小结:

双飞燕是常见之形,其三三是要点,如白棋点了三三则黑棋挡的方向很重要,要慎重选择。至于白从另一面高挂也和双飞燕大同小异。要明白能双飞燕是因为黑已脱先一手棋,所以只要能安定自己就可满意了。

图 1-2-2-6

三、从另一面二间高挂

图 1－2－3,黑棋脱先后白①在另一面二间高挂,也是为配合周围配置的常用手法。黑棋有 A 位碰、B 位尖、C 位压等应法。

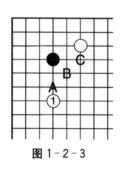

图 1-2-3

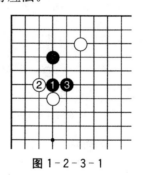

图 1-2-3-1

1. 定式(还原)

图 1－2－3－1,黑❶碰,白②下扳,黑❸长出,已还原成双飞燕定式的一型,在此不再多做介绍,请自己参阅。

2. 定式

图 1－2－3－2,黑❶碰,白②上扳是要外势的下法,黑❸下立,白④贯彻要外势的原意。黑❺立守角,白⑥飞是形,黑 ❼曲,白⑧长,黑❾跳,白得先手。白棋采取此形外部一定有相当势力才能和黑棋角上丰厚实利相比。黑❾有时

27

也可脱先。

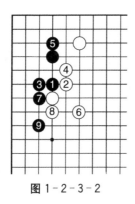

图 1-2-3-2

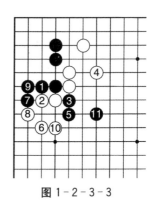

图 1-2-3-3

3. 定式(战斗)

图 1-2-3-3,当黑❶立下时白②贴下,黑❸不断是弱者,白④跳是形,黑❺长,白⑥跳,以下至黑⓫跳出,即展开战斗。黑已得到角上实利不小,中间只一枚棋较好处理。白两面有棋又得先手,是两分局面。

4. 定式

图 1-2-3-4,黑❶小尖也是一法,沉着冷静。白②飞入角,黑❸飞压,白④和黑❺交换一手后 6 位尖,正确。黑❼挡住。结果虽是两分,但白角嫌小了点,而黑棋外势整齐雄厚,若运用得当,黑稍好。

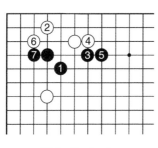

图 1-2-3-4

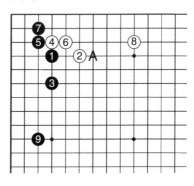

图 1-2-3-5

5. 定式

图 1 - 2 - 3 - 5，白②高挂，黑❸也高一路跳，白④托角，黑❺扳，白⑥退，黑❼一定要立下，不可脱先，白⑧、黑❾各自拆边，两分。

高挂之类变化不多，仅举此一例。

另外，在让子棋中白棋为求变化，常在 A 位二间高挂，初学者只要在 3 位跳出即可。

小结：

星位挂后，黑方脱先对初学者来说一定要学会，不要只要对方一挂就应。应注意全局的配置。对于白方不管两边如何挂，只要记住曾脱先一手之利，能安定下来就应满意了。

第三节　点三三及其他

图 1 - 3，白①点三三，应是黑棋两边有子，所谓"两翼展开"时才会下的一手棋。所以本节介绍的定式均为边上有子，否则不宜。

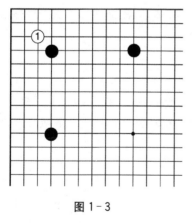

图1-3

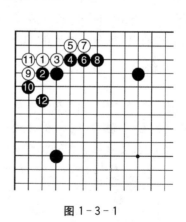

图1-3-1

1. 定式

图 1 - 3 - 1，白①点三三，黑❷挡，注意应从宽的一边挡，白③长，黑❹扳，以下对应至黑⓬是双方正常着法。结果黑得外势，和外面两子配合不错；而白掏得一角，实利不小，又得先手，是为两分。

2. 定式

图 1－3－2，当白⑤扳时，黑❻为配合右边▲一子而不在 7 位长，在 6 位扳下。白⑦打、黑❽接上，白⑨打时，黑❿在右边打。至黑⓬，黑棋不坏。

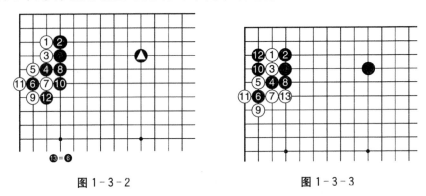

图 1－3－2　　　　　　　　　　图 1－3－3

3. 定式

图 1－3－3，这也可以说是上图的姊妹定式，只是黑棋选择的方向不同。黑❿改为在里面打，白⑪提，黑⓬长，吃去白两子，这是重视角地的下法。白⑬上挺不可省略，只有如此才能和黑棋平衡。

4. 定式

图 1－3－4，当图图 1－3－3中黑❻连扳时，白⑦转到上面扳是白重视右边的下法，黑❽扳，白⑨断，黑❿接，以后至白⑮飞，白得以转到右边，黑棋角上实利颇大，又得先手，是两分局面。

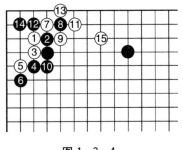

图 1－3－4

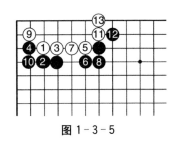

图 1－3－5

5. 定式

图 1－3－5,白③长时黑❹扳也可行。白⑤先碰扩大眼位,次序正确,黑❻扳,白⑦接后先到角上 9 位扳,再到右边 11 位扳,白⑬立,活棋。黑棋可脱先,也可在右边虎补断。两分!

6. 定式

图 1－3－6,白①对黑大飞星下托也是常见的下法,黑❷外扳,是为配合下边外势而下。白③扳,黑❹接上,白⑤也接,黑❻阻止白棋外出,至白⑨立,活棋。结果黑外势雄厚,白得角加上先手,仍为两分。

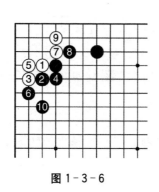

图 1－3－6

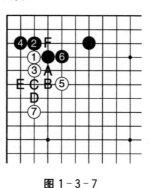

图 1－3－7

7. 定式

图 1－3－7 白①托时黑棋内扳,显然是重视角上实利的下法。白③退出,黑❹立下,大! 白⑤飞,好手! 黑❻防白在此处夹。至白⑦拆,两分!

黑❻不可 A 位冲,如冲则白 B 位挡,黑 C 位断,过分! 白 D、黑 E 后白在 6 位夹,黑不占便宜。黑❹如在 F 位接,是坚实之着,白即 7 位拆二,也是一型。

8. 定式

图 1－3－8,对于角上黑棋的单关守角,白①仍有点三三的余地,黑❷挡,白③先向右边尖,好手! 黑❹跳下,白⑤扳至白⑨活角。在黑棋包围之中白能活出一小块就可以满足了。

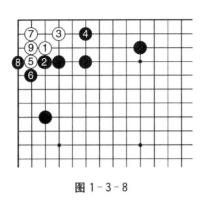

图 1－3－8

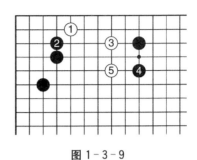

图 1－3－9

9. 定式

图 1－3－9,对于黑棋角边均有子力时白①常在此处侵入,因为位置在二线和五线的交叉点上,所以被称为"二五侵分"。黑❷立下是最坚实的下法,不让白子借劫。白③大飞,黑❹跳起,白⑤也随之跳起,这也是一个定式。

10. 定式

图 1－3－10,当白①二五侵分时黑❷靠下是重视角地的下法,白③挖,黑❹ ❻打粘,白⑦先压一手是先手便宜,不可放过,然后 9 位拆,虽然空了一些,但能在黑棋势力内活出一块也可以满足了。而黑棋角上也相当实惠,应为两分。

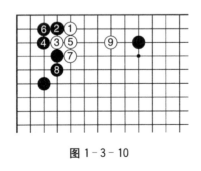

图 1－3－10

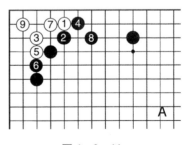

图 1－3－11

11. 定式

图 1－3－11,用尖顶对付二五侵分是黑重视外面,不让白棋有机会外出,白③点三三、黑❹扳,白⑤先在左边长,再 7 位退,次序好! 黑❽虎,白⑨活

角。两分。

小结：

　　白棋点三三一般是不好挂星位时采用的。黑棋要注意挡的方向，以及行棋方向，以自己的棋力为背景，才能发挥子的效率。

　　对于白棋的星下托，黑棋有内拆外拆的选择，一定要看清双方子的配置才能选择好行棋方向。

　　至于二五侵分，黑棋的对应也不复杂，只要不上当，黑就不会亏！

　　白棋一定要看清自己外部力子配置才能使用这几种方法，若一旦被封又无外部势力，则大亏！

第二章 小目定式

图 2 为小目定式基本图,在三线和四线的交叉点叫做"小目"。废除座子之后小目的使用频率最高。每个角两处。对待小目有 A 位低挂、B 位高挂、C 位二间低挂、D 位二间高挂等应法。

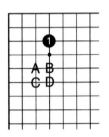

图 2

第一节 一间低挂

图 2-1,黑❶小目白②小飞挂,是小目定式中变化最多的一种,千变万化,有"定式宝库"之称。

黑棋❼有 A、B、C、D、E、F 等处应法。

一、小尖应

图 2-1-1,白②挂时黑❸小尖应,在日本称为"秀策流"。在曾流行一时的"一三五"布局中是最常使用的一种下法。现在黑子贴目增加,由于其比较缓,所以在对局中偶尔可见到了。但初学者不能不知道其变化。

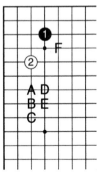

图 2-1

1. 定式

图 2-1-1-1,在遇到黑棋右边比较宽广时,黑❶可尖起。白②飞,黑❸拆,白④也拆,各得其所。以后黑 A 位顶,白 B 位上,黑 C

34

位立下,有二十多目的大官子。同样白在 D 位飞入也是大官子。

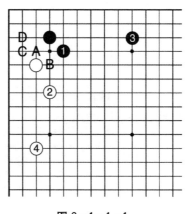

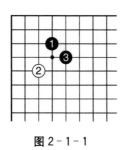

图 2-1-1　　　　　　　图 2-1-1-1

2. 定式

图 2-1-1-2,白④托来对付黑❸是常用之形。黑❺径直到上边拆,白⑥夹住黑❸一子。两分。

黑❸千万不可 A 位尖顶,如果顶了,则白正好"二子拆三"。

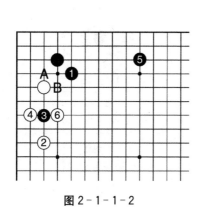

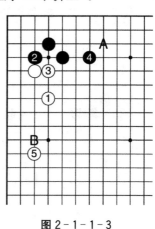

图 2-1-1-2　　　　　　　图 2-1-1-3

3. 定式

图 2-1-1-3,白①飞时黑❷马上尖顶,白③挺起,黑❹跳,是因右边有黑子,若是白子则可 A 位飞。白⑤也守边。必要时可下在 B 位。

小结:

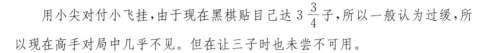

用小尖对付小飞挂,由于现在黑棋贴目已达 $3\frac{3}{4}$ 子,所以一般认为过缓,所以现在高手对局中几乎不见。但在让三子时也未尝不可用。

二、小飞应及拆二应

图2-1-2,黑❶在小飞应比小尖应要开阔一些,虽不如小尖坚实,但很实在。也有在A位拆二的,变化都不多,现并在一类中介绍。

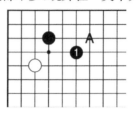

图2-1-2

1. 定式

图2-1-2-1,黑❶小飞,白②托是为了生根,等黑❸扳,白④虎,黑❺退后再6位长后得角。黑❼拆边,也有A位拆的,结果应是两分。

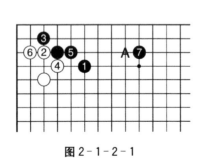

图2-1-2-1

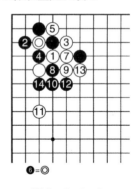

❻=◎

图2-1-2-2

2. 定式

图2-1-2-2,当白①顶时,黑❷不在3位长而于角上2位打,白③千万不可接成愚形,反打才是正着。黑❹提,白⑤打,此劫白轻黑重,故黑不宜轻开,黑❻接上正确。白⑦接,黑❽断,白⑨当然打,黑❿长出时,白⑪正是时机,

好手！黑❷先在右边曲一手,逼白⑬也曲,黑再回到左边吃白一子,次序好！黑实利很大,但白在右边也吃下黑一子,而左边还有白⑪一子的运用,又得先手,可算两分。

3. 定式

图２－１－２－３,白①拆二是求简明,黑❷尖顶,白③上长,黑❹跳有必要,是防白 B 位跨下。黑❹也有 A 位飞的。结果白得安定和先手,黑也获利不少,应是两分。

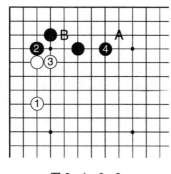

图 2-1-2-3

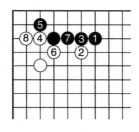

图 2-1-2-4

4. 定式

图２－１－２－４,黑❶拆二,白②先在右边尖侵一手是为白④托角做准备工作。黑❺扳,白⑥顶时由于有了白②黑❸的交换,黑❼只有接,若到角上 8 位打则白 7 位打后冲下,将黑棋分断,黑不利。白⑧立后应是两分。

小结:

在小目定式中尖、小飞以及拆二的应法一般均为重视右边而下,变化较为简明,也正因如此比较缓和,初学者在被让二、三子时可以使用。

三、一间低夹飞压应

图２－１－３,黑❶和白子相隔一路,在三线上夹击白一子,叫做一间低夹,又称为"一间夹",是一种激烈的下法,不让白棋脱先。白棋一般有 A 位飞压、B 位跳、C 位压靠、E 位飞出等处应法。

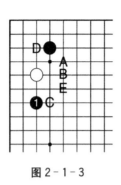

图 2-1-3

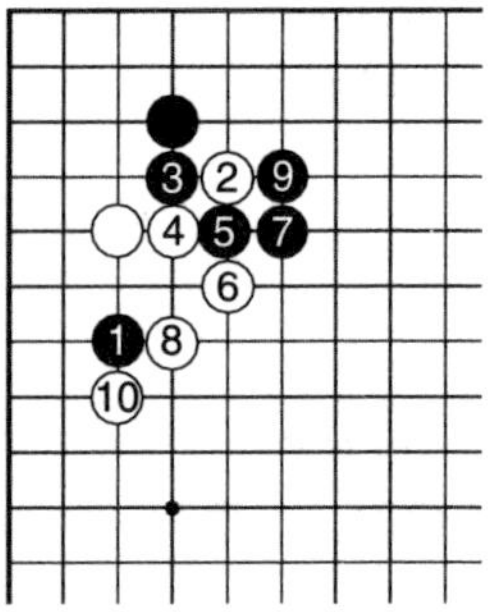

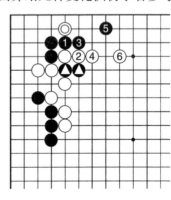

图 2-1-3-1

1. 定式

图 2-1-3-1，黑❶夹时白②飞压下来，一般是作为弃子战术，黑❸冲后 5 位断是求战。白⑥打，黑❼长，白⑧虎，黑❾本手，白⑩扳下是稳健之着，黑白各得一边，黑得先手，是典型的简明定式。

2. 定式

图 2-1-3-2，图 2-1-3-1 中的黑❾不在 A 位抱吃白一子，而到下面 1 位扳起，是顽强战斗的态度。白棋要有充分的准备，白② ④连压，至黑❺长后白⑥回到上面跳下，这是本型关键，切不可在 A 或 B 位长，否则将遭到黑的"二子头上扳"。其变化较为复杂。下面介绍几种变化供初学者参考。

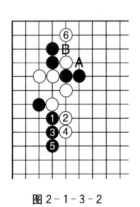

图 2-1-3-2

图 2-1-3-3

3. 定式（白好）

图 2-1-3-3，当图 2-1-3-2 中白在◎位跳下时，黑❶冲，正是白

棋所期待的一手棋,至黑❺飞,白⑥跳白棋外势整齐,中间两子▲黑棋自然枯死,应是白稍优的局面。

4. 定式

图 2－1－3－4,当黑❸夹时白④压,由于下面有白棋势力,黑不宜在 A 位冲断,而应于 5 位长,白⑥当然长,黑❼跳。白棋利用压出来的势力在下面 8 位夹,黑❾跳出,白⑩托,暂时告一段落,应是两分。

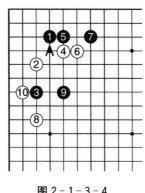 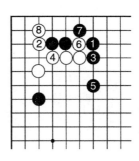

图 2－1－3－4　　　　　图 2－1－3－5

5. 定式

图 2－1－3－5,黑❶跳时,白②没有到下面夹而在角上托是重视实地的选择,也很简明。黑❸挺出,白④在左边挡,黑❺跳起,白⑥冲后于 8 位立下。虽说此型白得实利,黑得外势,但要看右边的配置,才能确定黑棋的利益。局部可算两分。

6. 定式

图 2－1－3－6,当白②托时,黑❸接牢,是黑棋为了确保实地的坚实下法。白④也棒接。结果应是两分。以后黑棋可酌情在 A 位或 B 位落子,瞄着白棋 C 位断点。

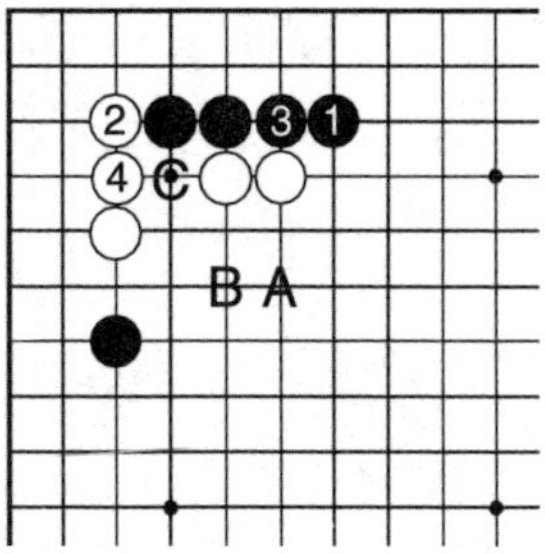

小结:

小目低挂被一间低夹时,黑棋冲断是一种战斗姿态,双方均要谨慎。尤其是行棋次序不可错。至于外势和实利的选择要有正确

图 2－1－3－6

判断。

白棋在被夹时飞压小目一子,虽是有力的下法,但要考虑到黑不冲而在三线长,这样角部易被黑棋所得,实利稍损,如白不能在压过后反夹一间夹的黑子取得相应利益,则亏。

四、一间低夹跳出应

图2-1-4,黑❸一间夹时白④跳出也是常见下法,因为黑❸夹得紧,所以只能一间跳,黑❺飞起是不屈服的下法。也可A位拆二,以后白有C位反夹或B位靠出等下法。

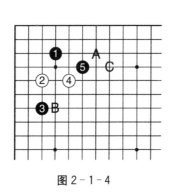

图2-1-4

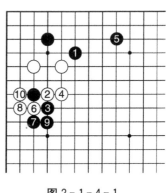

图2-1-4-1

1. 定式

图2-1-4-1,黑❶飞起后白②在下面靠压,黑❸先扳一手,等白④长后再到上面拆,白⑥断,以下至白⑩抱吃黑一子。黑棋两边都有棋形,白虽吃得一子但棋形过于坚实,好在棋形完整,可算两分。

2. 定式

图2-1-4-2,当白②靠压时,黑❸扳,白④长时,黑❺改为左边顶,白⑥转到角上托是手筋,好!如在A位接则亏。黑❼扳,白⑧虎又是手筋。黑❾到下面开拆,白⑩理所当然能到上面去。黑⓫上挺,白⑫又是先虎,次序好!等黑⓭后再14位跳,黑⓯在角上立后,黑已活。黑切不可B位外逃,否则被白在15位扳,不反白实利大,而且黑也不能活,黑苦!黑棋虽被白⓰封住,但下面还有一块黑棋,所以仍为两分。但白棋外势和周围子力的配置应在选择这个定

式时应有充足准备才行。

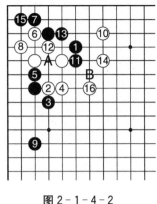 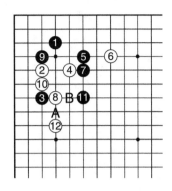

图 2 - 1 - 4 - 2   图 2 - 1 - 4 - 3

3. 定式

图 2 - 1 - 4 - 3,当黑❺小飞时,白⑥在右边夹,黑❼当然压,不能让白棋在此封住。白顺势到 8 位压靠,黑❾顶角,正确! 不可 A 位扳,否则白在 B 位长,黑棋无后续手段。白⑩顶,黑⓫跳。白⑫跳,控制住黑❸一子,结果两分。

4. 定式

图 2 - 1 - 4 - 4,当白②压时,黑❸不可扳,但可以长,白④转到上面扳,以下至黑⓫拆二,也有为配置下面原有黑子在 A 位点的,则更为有力。结果两分。

小结:

黑棋在对付白棋一间低夹时用飞起是一种简明的下法,变化不复杂。但要注意在什么配置下选择的行棋方向。

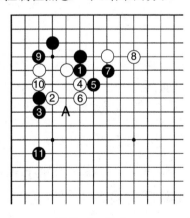

图 2 - 1 - 4 - 4

五、一间低夹压靠应

图 2 - 1 - 5 黑❸一间夹时白④立即靠压上来,是比较积极的下法,黑❺扳起是必然的一手。以下白 A 位应,变化比较简明,但白稍亏一点。如白 B 位长,则变化较为复杂。

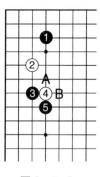

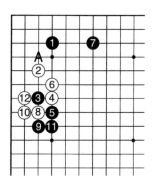

图 2－1－5　　　　　　　图 2－1－5－1

1. 定式（白缓）

图 2－1－5－1，白④压靠，黑❺扳，白⑥退，缓手！黑❼转到右边拆二，白⑧断，以下至白⑫抱吃黑一子。结果黑两边均有势力，白虽坚实但嫌缓了一些，以后黑 A 位尖顶是大官子。

此定式现在在对局中已不多见了，尤其是执白者多追求变化，若如此平静地往下走，最后黑棋先手优势不可能追回，但此定式初者学者不可不知。

2. 定式

图 2－1－5－3，如下面有子▲时，黑❺可不在上面拆二而是虎。这样白⑥即飞下，或 A 位逼、B 位大飞。黑棋要处理上面一子黑棋。应是两分。

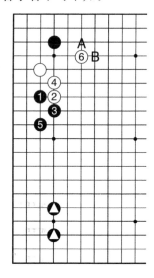

3. 定式（后续手段）

图 2－1－5－3，黑❶虎时，白②飞下，黑❸托，白④扳，黑❺断求腾挪，有力！白⑥打白⑧长是在扭十字时的一种手筋。黑❾曲，白⑩打，黑⓫在角上跳，白⑫提黑❺一子。

要注意的是，此型只有白子能征吃黑❶一子时才能成立。局部来说是白占便宜一些。关键是要看下面黑棋三子和下部角上的配置能取得多少利益了！另外，黑⓫也可不补而脱先他投，因黑棋不是死棋。

图 2－1－5－2

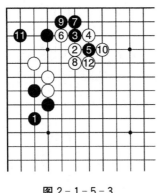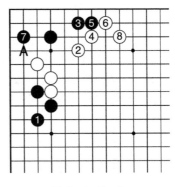

图 2 - 1 - 5 - 3　　　　　　　　图 2 - 1 - 5 - 4

4. 定式

图 2 - 1 - 5 - 4，白②飞时，黑❸为避免出现图 2 - 1 - 5 - 2、图 2 - 1 - 5 - 3 的变化，白④尖，黑❺先长一手是必要的，白⑥扳后黑在角上 7 位跳下，活角。白⑧虎补断。以后白有必要时在 A 位顶阻止黑棋渡过。此型应是黑棋吃亏。但下面黑棋三子若能发挥相当作用，也不失为一种简明的下法。

5. 定式

图 2 - 1 - 5 - 5，白②宽一路飞罩，黑❸尖，白④封住黑棋出路，黑❺跳下守角。白⑥仍应跳起补一手棋，双方简明。以后黑 A 位跨战斗，或 B 位飞得实利。

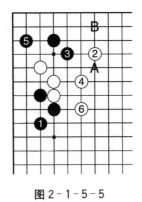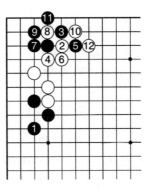

图 2 - 1 - 5 - 5　　　　　　　　图 2 - 1 - 5 - 6

6. 定式

图 2－1－5－6,白②碰是一种腾挪手段,在这里是可以成立的,黑❸下扳,正确! 白④必然,黑❺打,白⑥退,黑❼向角里长是重实利的下法。白⑧断,黑❾是"哪边断,哪边打",至白⑫征吃黑❺一子,还算两分。

7. 定式

图 2－1－5－7,当白②退时黑❸上长是注重外势的下法,白④断后至白⑧打,黑再9位飞起,以下黑有 A 位一带拆、B 位封、C 位搜根等选择。一般白在 B 位跳起出头,现在此定式也少见。总觉得白有些委屈。勉强算两分。

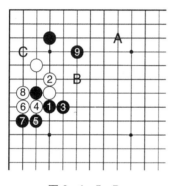

图 2－1－5－7

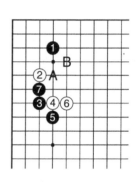

图 2－1－5－8

8. 变化图

图 2－1－5－8,当黑❺扳时白⑥上长,是因为上面变化白不便宜,所以上长,这比上面各图要积极得多。黑❼顶,以下白有 A 位退,变化稍简单一点,而 B 位飞压下去就比较复杂了。

9. 定式

图 2－1－5－9,黑❶顶时白②上长,黑❸飞是积极的下法。白④压一手,等黑❺长后到下面6位逼,黑❼压长时白⑧扳,黑❾曲出头正确,双方各有所得,两分。

白④压,为了补 A 位断头和防黑 B 位冲。

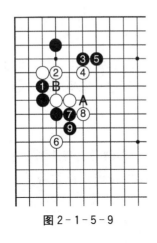

图 2 - 1 - 5 - 9

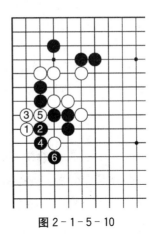

图 2 - 1 - 5 - 10

10. 后续手段

图 2 - 1 - 5 - 10 在适当时机白①可飞下,白如 2 位刺,黑即 5 位接上,白两子不好处理。黑❷尖顶,正着! 如在 5 位接也亏。白③长入,黑❹长出,如在 5 位接,则白 4 位挡下,黑成无根浮棋。白⑤断吃黑两子,黑❻扳起,应为两分,因为黑事先已脱先一手。黑❻也可脱先他投。

11. 参考图

图 2 - 1 - 5 - 11 黑❶(图 2 - 1 - 5 - 9 中黑❾)曲时,白②到角上托,黑❸扳,白④扭断,黑❺打,白⑥在右边反打,以下对应至黑⓫渡过,黑角实利不小,右边▲两子虽被断开,但仍有活动余地。而且白 A 位之利已不存在了。应是黑稍好。

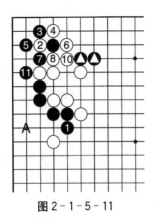

图 2 - 1 - 5 - 11

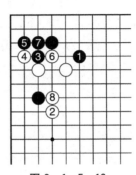

图 2 - 1 - 5 - 12

12. 定式

图 2－1－5－12 黑❶飞时,白②直接在下面罩黑一子,黑❸到角上尖顶,白④扳,黑❺扳,白⑥打后再于 8 位压住黑子,这是简明的两分定式。

13. 变化图(两分)

图 2－1－5－13,黑❶尖顶时白②立下,黑❸马上转移到下边长,至黑❾跳是双方正常对应,白⑩补是必要的一手。此型白虽说以后有 A 位跳角的便宜,但如果外势运用不到位则稍亏。所以从理论上来说应是两分。

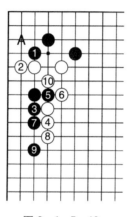

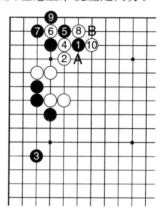

图 2－1－5－13　　　　　　图 2－1－5－14

14. 定式

图 2－1－5－14,黑棋不在 A 位飞而在 1 位跳,是为了争先手,等白②尖时转到下面 3 位拆,白④冲下,黑❺挡,至白⑩征吃黑一子应属两分。如白棋征子不利,则白⑥应改为 8 位断,黑 B 位打,白 6 位反打得角。黑在外面提一子,也属两分。

15. 变化图(两分)

图 2－1－5－15,当白④断时,黑❺不在 A 位打,而在外面接,这是在此形中黑棋不想让白棋得到外势的下法,白⑥抱吃黑棋一子,黑❼拆,也是可行的两分。

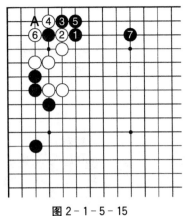

图 2 - 1 - 5 - 15

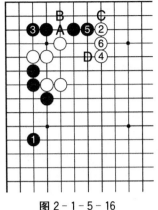

图 2 - 1 - 5 - 16

16. 定式

图 2 - 1 - 5 - 16,黑❶在下面拆时白②不在 A 位冲下,而到右边拦,是为了取得右边外势的简洁下法。黑❸立,白④跳起后黑要防白 B 位的透点,所以在 5 位并,白⑥接牢,还算两分。白⑥如改在 C 位立,则黑可 D 位靠出,可能分断左右两处白棋,白棋不利。

17. 参考图(黑好)

图 2 - 1 - 5 - 17,白②在右边对黑❶小飞反夹时,黑❸尖出,正确!白④托角是必然,黑❺扳,白⑥扭断,黑❼只要退白⑧就不得不接上,防黑在此冲断。黑❾打后在 11 位接上,白⑫断后黑以下利用两颗弃子包打白棋,至黑❶时,白棋获利并不太大,黑棋角上实利不小,下面数子也不难处理,所以黑稍好!

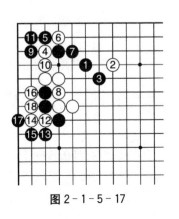

图 2 - 1 - 5 - 17

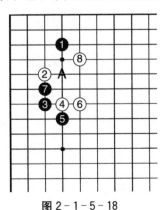

图 2 - 1 - 5 - 18

18. 定式

图 2 - 1 - 5 - 18,黑❼顶时白⑧不在 A 位挺,而是飞压黑❶一子,这是备受争议的一手棋,吴清源大师认为是有力的一手棋,而有些人认为有欺着意味。现在实战中也确实不多见,但初学者不能不知。

19. 定式

图 2 - 1 - 5 - 19,黑❷长时白③不在 6 位长,而到左边紧黑棋气,成了愚形,不佳。黑❹先冲一手,使白棋产生断头后再 6 位扳起,白⑦断,黑❽跳下是利用弃子占便宜。白⑨挡,也有 A 位立者。但应该说都是黑稍好!

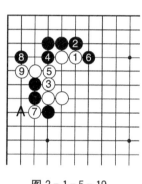

图 2 - 1 - 5 - 19

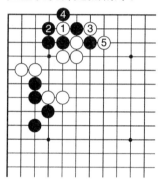

图 2 - 1 - 5 - 20

20. 参考图(白好)

图 2 - 1 - 5 - 20,白①断时黑❷改为里面打,白③当然在外面打,黑❹提,白⑤征吃黑子。此型白好!

小结:

白棋用压靠对付一间夹的黑棋,黑棋扳是当然之着,而白棋只有退和上挺这两种应法。

白棋退虽比较平稳,但稍缓,不是执白子的态度,相对来说比较简明。如是黑棋在被让三子情况下可使用这个定式来对付白棋的一间低夹。

白棋挺起是不肯吃亏的下法,比较复杂。黑棋一般有在顶后长时飞应,是积极的下法,白随之压,变化虽不算太复杂,但要掌握行棋的方向。

白棋也有从另一方向夹过来,黑棋要懂得白棋托角时将其分为两处,不让它联系,分开攻击。利用白棋下面有被冲断的缺陷,黑棋就能取得优势。

至于黑棋拆二应比较简明,但容易吃亏,要看周围配置才能选用。

白棋在黑棋顶时直接飞压并不可怕,黑棋用简明下法对待即可。

六、一间低夹托角应

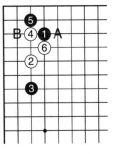

图2-1-6

图2-1-6,黑❸一间低夹时白④在三三托角是常用手段,一般来说除了二间低夹不宜托角外,其他各类夹都可三三托角。黑❺扳,白⑥虎,以下黑棋有 A 位长和 B 位打两种应法。

1. **定式**

图2-1-6-1,白①顶时,黑❷长,白③角上立下,黑❹飞,白⑤曲,这在一间夹中很重要,可以安定自己。黑❻拆。这是一个常见定式。

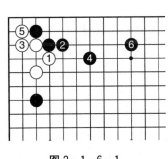

图2-1-6-1

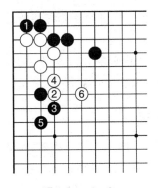

图2-1-6-2

2. **变化图**

图2-1-6-2,图2-1-6-2中的白⑤不在角上曲,脱先而去,黑即于1位挡下搜白根,白②只有外逃,至白⑥跳,黑已先手得利,而白尚未净活,要逃,苦!

3. **定式**

图2-1-6-3,在白①顶时黑❷改为角上打吃,是重视角地的下法,白③绝不能在4位接,而于外面打,黑❹提时白⑤打一手后在7位虎,黑❽扳渡。结果黑稍好。以后黑还有:黑 A、白 B、黑 C、白 D 的打入手段,再 E 位跳,所以

白⑦也可 B 位接,以消除黑棋打入的可能。但形状较滞重。

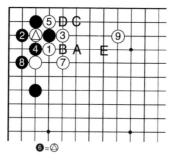

图 2-1-6-3

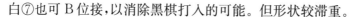

图 2-1-6-4

6=⚫

4. 定式

图 2-1-6-4,在黑棋右边有相当势力时,白④托角,黑❺可以长,白⑥接,黑❼压住白棋,也是一种简明可行之法,但是是后手。如右边原无黑子时,被白下到 7 位则黑外势无发挥余地,就亏大了。

小结:

对于一间低夹用托角现在已很少见,因为主动选择权在于黑棋,而且黑棋结果都不坏。

5. 定式

图 2-1-6-5,黑❶夹时白②尖顶是为防止在 3 位托时的一系列变化,黑向角里长是重视实利的下法,如在 5 位长,白即 3 位扳,就成了白托后尖顶的定式。白④跳,简明。黑❼跳,白⑥跳是为了防黑冲断的形。以下白如何攻击黑❶一子是关键。此型不多,仅介绍一例以供参考。

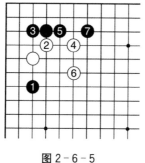

图 2-6-5

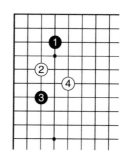

图 2-1-7

七、一间低夹外飞应

图 2-1-7 对于黑❸一间低夹,白④向腹中飞去,这一下法很多人认为不是好手,但不能不介绍。

1. 定式(黑好)

图 2-1-7-1,对付黑❸的一间低夹,白④飞向中腹,有点落空之感。黑❺飞,白⑥罩,看似很大,其实经过黑❼尖顶至白⑫接,黑⓭跳后,黑得到很大实利,而白棋凝重且重复,白④一子位置太差,所以严格地来说这不能成为一个定式。

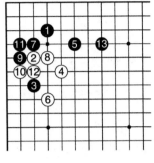

图 2-1-7-1

2. 定式

图 2-1-7-2,白①飞起时黑❷尖,应则过于老实了,白③顶,黑❹先在角上顶一手,白⑤立下后黑❻跳,白⑦到下面夹击黑一子,这一结果可算两分。

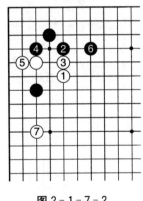

图 2-1-7-2

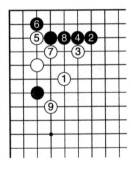

图 2-1-7-3

3. 定式

图 2-1-7-3,白①飞,黑在右边拆二,软弱,正好白③先点一手,然后再 5 位托角,至 9 位罩,白棋轻灵,比图图 2-1-7-1 好多了。

4. 定式(白好)

图 2 - 1 - 7 - 4,白①托,黑❷扳,不好! 白③虎,逼黑❹退,这正合白棋心意。白⑤罩下后白轻盈。

小结:

用向中腹小飞对付一间低夹,不是好棋,黑棋飞应是正着,尖应较缓,压则是求战,拆二不好。

八、一间低夹一间反夹应

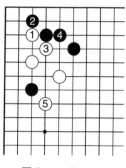

图 2 - 1 - 7 - 4

图 2 - 1 - 8,当黑❸夹时,白④从右边对小目一子进行反夹,此手是仁者见仁、智者见智的一着棋。吴清源大师认为是严厉的一手棋,有人则认为不足取。但不管如何,初学者都应掌握其变化才行。黑方有 A 位压、B 位尖、C 位压右边一子等应法。

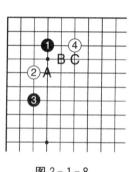

图 2 - 1 - 8

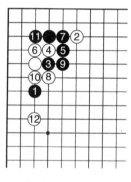

图 2 - 1 - 8 - 1

1. 定式

图 2 - 1 - 8 - 1,白②反夹时黑❸压靠左边一子,白④挖,黑❺当然打,以下至白⑩接是双方正常对应,黑⓫挡角获利很大,不可脱先。白⑫夹黑一子后,是典型的两分。

2. 定式

图 2 - 1 - 8 - 2,白①反夹,黑❷小尖应是稳健的好手,白③压时黑❹跳是逼白⑤不得不长,否则黑在此虎,白苦! 至黑❽时黑棋优势明显,除非白棋右边有相当的配置。

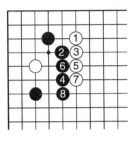

图 2-1-8-2

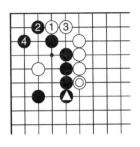

图 2-1-8-3

3.后续手段

图 2-1-8-3,图 2-1-8-2 以后在适当时机白①托,黑❷内扳是示弱的表现,白③退、黑❹虎,白棋稍得便宜,若没有白◎和黑▲的交换,如此对应是正确的,但现在黑棋很坚实,就应给予有力反击!

4. 定式

图 2-1-8-4,黑❷对反夹的白①靠压,白③扳,黑❹退,白⑤虎,黑❻跳起。结果黑棋似乎实利很大,但白有 A 位的点入,黑棋要时刻提防。

小结:

对于黑的一间低夹,白棋在另一面一间反夹,变化虽然不多,但多为对黑棋有利,白棋应慎用。如白棋想寻求变化在有一定子力的配置下,也可一试。

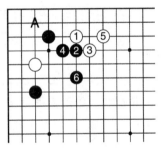

图 2-1-8-4

九、一间低夹二间反夹应

图 2-1-9,黑❸一间低夹时白④远一路二间反夹,也是常用手法,但要征子有利时方可使用。它比一间夹灵活一些,以后黑有 A 位小尖、B 位压靠、C 位小飞等应法。

1. 定式

图 2-1-9-1,白①夹,黑❷小尖平稳,白③拆二,黑❹尖后看似黑棋得利,但是……

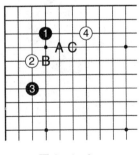

图 2-1-9

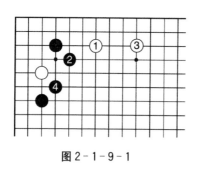
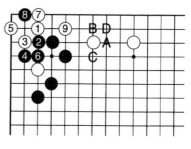

图 2-1-9-1　　　　　　　　　　图 2-1-9-2

2. 继续图

图 2-1-9-2,接图 2-1-9-1,白在适当时机在 1 位点入,黑❷在下面挡,不让白①和下面一子白棋连通,白③扳、白⑤虎后,白⑦立是不想吃亏的下法。

白⑨跳回后,黑尚有黑 A、白 B、黑 C、白 D 的便宜,所以黑也不坏。

3. 变化图

图 2-1-9-3,白①马上飞,黑❷尖,白③冲,黑❹挡,以下白⑤至白⑬,白棋成为三眼两做而活棋,但是是后手。结果黑外势雄厚,白棋右边拆二受到威胁,而且黑棋有先手之利,应是黑优。

另外,要注意此形中黑❽不可 A 位虎。如果虎则白可 B 位断,黑不好应。

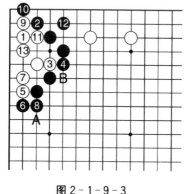

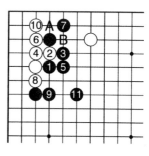

图 2-1-9-3　　　　　　　　　　图 2-1-9-4

4. 定式

图 2-1-9-4,黑❶压,白②挖,黑❸由于征子不利,只有在外面打,白

④接,黑❺也粘上,以下至白⑩双方均可满意。白⑩如改为 A 位打,黑 B 位接后白可得到先手,但此法加固了黑棋外势,而且在以后行棋中多有顾忌。

5. 定式

图 2－1－9－5,当白⑥长时,黑棋在下面有相当势力配合时可以 7 位顶,白⑧飞是形,两边连通,比 A 位打更生动;更不可 B 位打,若打,黑即于 C 位反打穿通白棋。

6. 定式

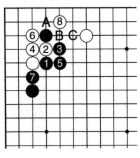

图 2－1－9－5

图 2－1－9－6 黑❶飞时白②压,黑❸挺起,白④曲是抢先手,黑❺顶,白⑥飞起,黑❼点是为留有余味。白⑧贴长,黑❾长是必然之手。白⑩拆二后黑得先手,而黑腹内一子◎白棋,尚有种种利用价值。所以仍是两分。

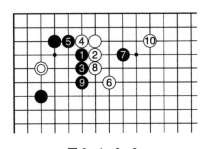

图 2－1－9－6

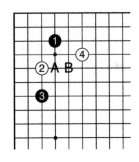

图 2－1－10

小结:

白二间反夹一定要在征子有利时才能运用,至于黑用小尖对付结果不错,而压靠则可能吃亏。飞出余味较多,但也稍复杂一些。

十、一间低夹大斜应

图 2－1－10,黑❸夹,白④大飞也叫大斜,但由于黑❸一子太近,白棋不好。黑棋有 A 位压和 B 位飞两种应法。

1. 定式(黑好)

图 2－1－10－1,白①大斜,黑❷压,白③扳,黑❹退,白⑤不得不接,因

为黑❸一子太近。黑❻虎下，白⑦又被逼曲。黑❽拆边。

此型虽为定式，但黑好是明显的。

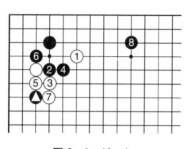

图 2 - 1 - 10 - 1

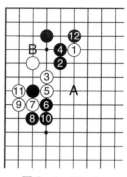

图 2 - 1 - 10 - 2

2. 定式

图 2 - 1 - 10 - 2，黑❷飞出对付白①的大斜，也是一法。白③尖也是无奈之着，黑❹挡下，白⑤压，以下是双方常见对应！黑棋两边均有相当实利和外势。以后黑有 A 位封白棋或 B 位顶的选择，显然白不利。白③如改为 5 位压，黑可 6 位扳，以下可恢复成本图。

小结：

此型变化不多，关键是结果多为黑好。仅举此两例以供参考。

十一、一间低夹后脱先

图 2 - 1 - 11，黑❸一间低夹时白棋有立即脱先或在较远处反夹黑棋者，以后黑有 A 位压、B 位尖封、角上尖顶等处应法。

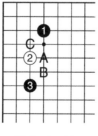

图 2 - 1 - 11

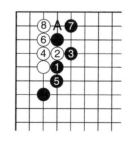

图 2 - 1 - 11 - 1

定式

图 2 - 1 - 11 - 1,黑❶压,白②挖,黑❸打,是在黑征子不利时的下法。白⑥长,黑❼虎好手,白⑧立下,因为白棋已脱先一手,虽被封在内但已净活,应该满意。白⑧如在 A 位打可得先手,但失去了以后很多变化 。结果是两分。

其中黑若征子有利,黑❸可于 4 位打,白 3 位长,黑 6 位接,白在 5 位征黑一子。若白征子不成立将无法收拾。

小结:

一间低夹是比较积极的下法,以前为棋手所喜下,但近来下者渐少。

白棋应法很多,飞压小目一子是积极的下法,现代多用单关应,而白对夹击的黑棋一子压靠,黑扳起时白退稍显软弱,而上挺变化较为复杂,是本章介绍的重点,其他应法白棋多吃亏。总的来说一间低夹主动,进攻性强。

十二、二间低夹飞压应

图 2 - 1 - 12,对白②小飞挂,黑在隔二路三线上夹称为"二间低夹",也简称为"二间夹"。白棋应法有很多,以下逐一介绍。

白④飞压应是常见的一形,黑棋有 A 位长、B 位冲、C 位跳等应法。

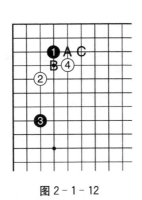

图 2 - 1 - 12   图 2 - 1 - 12 - 1

1. 定式

图 2 - 1 - 12 - 1,白②小飞压是为取外势,黑❸长,白④长后黑❺跳,白⑥飞起,黑❼并是本手,白⑧到下面宽一路夹大多是为了配合下面角上白棋。黑❾跳出,白⑩必补,如此处被黑所点,白形状太差。另外,白⑥也有脱先他投的。

2. 定式

图 2-1-12-2,黑❶跳,白④到上面连压,黑❺扳必然,白⑥靠,黑❼长后白⑧冲,以下白连弃两子,得到 14 位顶和 16 位的跳起,使雄厚外势得以发挥,攻击黑二子。以后 A 位是双方官子的要点,大极! 结果黑得上面相当实利,而白外势雄厚,结果要看白棋对黑棋两子攻击的效果,才能确定得失。但暂时看来应为两分。

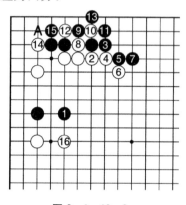
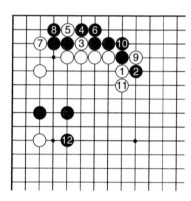

图 2-1-12-2   图 2-1-12-3

3. 定式

图 2-1-12-3,白①(图 2-1-12-2 中的白⑥)黑❷连扳,也是成立的。白⑤到上面断,黑❻因为有 10 位的断头,不得不在 6 位接,白⑦和黑❽交换后,再到右边 9 位打、11 位长。黑⓬转到下面镇,好点! 结果还是两分。

小结:

白棋小飞挂、黑棋二间夹是常用的下法,变化不太复杂,初学者可多使用。

十三、二间低夹大跳应

图 2-13,当黑❸二间低夹,白④大跳应是缓和黑❸夹的威胁。也是最常见的应法。

黑 A 位拆二最为多见,B 位大飞和 C 位靠出就复杂一些。

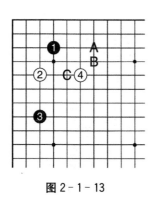

图 2 - 1 - 13

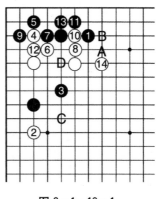

图 2 - 1 - 13 - 1

1. 定式

图 2 - 1 - 13 - 1,黑❶拆二是稳重取实利的下法,白②反夹是依靠下面角部原有白棋的预定方案。白④托角,黑❺必扳,至白⑧必并,如不并黑可 D 位靠出。白⑭也不可 A 位跳,否则失去 B 位夹的手段和 C 位攻击黑两子的可能,应还是两分。

2. 定式

图 2 - 1 - 13 - 2,黑❸改为跳,就不能在 A 位跨断白棋了,所以白棋在 6 位虎,黑❼退后白⑧就在角部立下,以求实利。白④托也可先在下边进行白 B 黑 C 的交换再下。

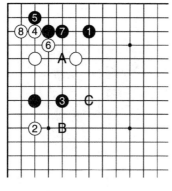

图 2 - 1 - 13 - 2

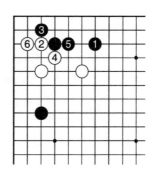

图 2 - 1 - 13 - 3

3. 定式

图２－１－１３－３,黑❶拆二时白②直接托角生根,虽然稍缓,但在外面有黑棋强大外势时选择坚实安定的下法是可以成立的。对应至白⑥立下生根。

4. 定式

图２－１－１３－４黑❶大飞,白②冲下,变化较复杂,初学者要搞清每一步的用意,几乎每一过程都不能应错。

黑❸扳,白④断是为弃子取势。黑❺打,白⑥立是所谓"棋长一子方可弃"。以下对应至黑⓳打,吃去白三子,很厚! 同时又抢到下面⓯拆二,应该很满意,而白棋先手得到角上实利不小,又有一定外势,也不坏。所以应是两分。

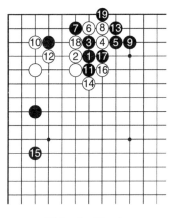

图 2-1-13-4

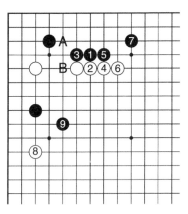

图 2-1-13-5

5. 定式

图２－１－１３－５,黑❶大飞,白②只简单地压,黑❸退是防白Ａ位靠下,白⑥不能Ｂ位退,否则被黑❺抢到前面,白亏。白⑥长,黑❼当然飞出,白⑧利用上面外势夹击黑一子,黑❾飞出,应是两分。

6. 定式

图２－１－１３－６,白①(图－１－１３－５中的白④)长时黑❷在左边扳,是一种挑战,黑❸扳,

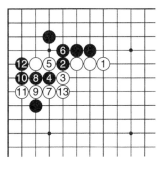

图 2-1-13-6

白④连扳,顽强,白⑤打一手是准备弃掉两子,白⑦ ⑨ ⑪一路挡下去,先手取得雄厚外势,而黑角实利也很大,还是两分。

小结:

黑棋二间夹后白棋大跳应,是最平常的下法,黑棋以拆二最为平稳,也不容易吃亏,如大飞或靠断则较复杂一些,双方均应考虑到外面子力的配合。

十四、二间低夹大飞压应

图 2－1－14,黑❸二间夹时白④靠上去,是二间高夹特有的下法,但实利稍损,一般是不愿下的。黑棋只要 A 位扳就不会吃亏,B 位扳则要征子有利才行。至于 C,D 则是场合定式。这种压靠虽少见,但初学者不可不知其变化。

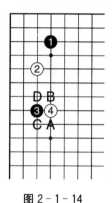

图 2－1－14

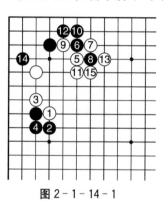

图 2－1－14－1

1. 场合定式

图 2－1－14－1,白①靠,黑❷扳,白③反扳后黑❹老实接上,简明! 白⑤转个方向飞罩小目一子,以下是双方正常对应。黑❶❹后获利不小,白棋外势应在 1 位靠时就有充分准备,和原来外面势力有所配合才行。

2. 定式(黑好)

图 2－1－14－2,白①(图2－1－14－1中的白⑤)飞罩时,黑❷先尖顶,等白③扳后再❹ ❻ ❽长后再 10 位跳,白虽形成了雄厚的外势,但下面有黑▲三子,白厚势反而有重复之嫌。此型简明,初学者可使用。

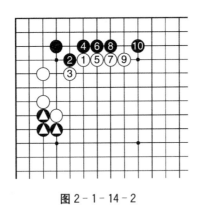

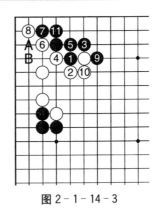

图 2－1－14－2

图 2－1－14－3

3. 定式（黑稍好）

图 2－1－14－3，黑❸（图 2－14－2 中的黑❹）虎时白④打也是一种变化，至黑⓫接后白棋留有黑 A 位打、白 B 打的劫争余地。要注意黑❾一定要先打再于 11 位接，如先接，白即 9 位长出，黑不利，与图中结果相差很大。初学者不可不明。此型勉强两分，但黑棋好下一些。

4. 定式

图 2－1－14－4，黑❶飞起时，白②改为托角，黑❸不予理睬，在右边挡下，好手！白④虎黑❺尖，白⑥打时，黑❼先打再于 9 位虎，结果白角上虽得到了一定利益，但白◎两子却成了加固下面黑子的恶手。以后黑还有在 A 位打的手段。白⑧当时如在 A 位接，则黑可到下面拆。

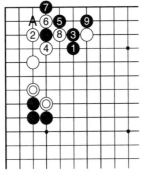

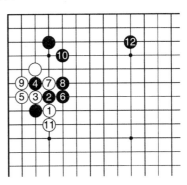

图 2－1－14－4

图 2－1－14－5

5. 定式

图 2-1-14-5,白①靠时黑❷在里面扳,必须在征子有利时才能成立。白③扭断,黑❹❻一打后一长是在此形中常用的手法。白⑦打,黑❽打后于 10 位尖,白⑪防黑征子,黑⓬拆,应是两分局面。

6. 参考图(白好)

图 2-1-14-6,黑❺(图 2-1-14-5 中的黑❻)长时白⑥在二线打是看准黑棋征子不利才如此下,好手!黑❼既然 A 位不能征子只有长,于是白⑧压后到上面飞压小目一子,以下至白⑯压出,黑棋下面两子和中间子力被分割开,难以兼顾,白好下。

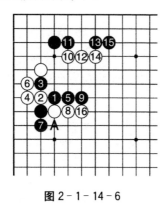

图 2-1-14-6

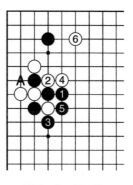

图 2-1-14-7

7. 变化图(白优)

图 2-1-14-7,由图 2-14-6 可以证明,白子征子不利时不宜二线 A 位打。白②在四线打,黑❸征子,失误,应如图 2-1-14-5 在 4 位打才正确,现被白抓住时机在 4 位贴长,逼黑❺提,然后到上面白⑥夹击黑小目一子,明显白优。

8. 参考图

图 2-1-14-8 白①压靠,黑❷退,白③扳,黑❹到右边拆二,暂时相安。黑❷的退是配合下面有子时的下法,否则白会在下面逼。黑有些被动。

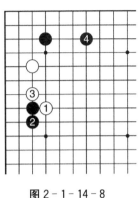

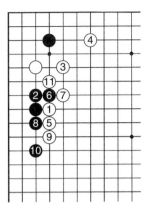

图 2－1－14－8   图 2－1－14－9

9. 定式

图 2－1－14－9,白①靠时黑❷向里长,白③跳起,黑❹拆二,白⑤回到下面长,至黑❿跳,白⑪虎,即还原了一间低夹白在 1 位罩的定式了。

小结:

对于大飞靠多见于古代,现在对局中几乎见不到了,因为结果多为黑有利,但黑棋也要注意征子。如一时算不清,只要外扳即可,一般都不会吃亏的。

十五、二间低夹象步飞应

图 2－1－15 黑❸二间低夹时黑象步飞出,对初学者来说是一个难题,稍一不慎就可能上当吃亏。以后黑棋应手比较多,有 A 到 G 等处。

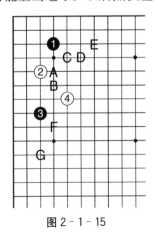

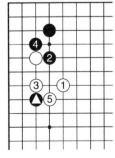

图 2－1－15   图 2－1－15－1

1. 定式

图 2－1－15－1 白①象步飞出,黑❷不直接反击,而是靠,简明! 黑❸也靠下,黑❹、白⑤各自虎。黑▲一子虽受到损伤,但角部实利很大,可以抵消,结果为两分。

2. 参考图(黑上当)

图 2－1－15－2 白棋象步飞正是引诱黑❶穿象眼,白②当然不会在 A 位长,而是飞压,黑❸长,白④长,黑❺跳后白⑥压住黑❶一子,使其成为恶手。结果黑棋形状不好!

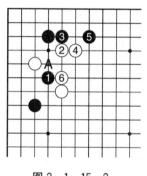

图 2-1-15-2

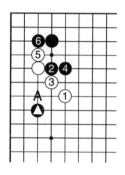

图 2-1-15-3

3. 参考图(白亏)

图 2－1－15－3,图 2－1－15－1中的黑❷压靠时白棋不在 A 位靠下,而在 3 位扳,黑❹长,白⑤向角里长,黑❻挡是常见应对,但结果白①的位置不佳,由于黑▲一子的存在,明显阻止了白棋发展的方向,白棋整形很难。

小结:

对付白棋的象步飞应关键是不可穿象眼,如穿象眼则不能满意。正应为压靠。因为此型对局中不多,仅介绍以上几种应法。

十六、二间低夹二间反夹应

图 2－1－16,黑❸二间低夹时,白④到右边二间反夹小目一子是配合右边形势的下法。黑棋有 A 位尖出、B 位飞、C 位顶角和 D 位压等应法,其中 A 位尖为最常见。

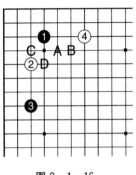 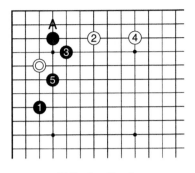

图 2 - 1 - 16　　　　　　　　　图 2 - 1 - 16 - 1

1. 定式

图 2 - 1 - 16 - 1,黑❶夹,白②反夹,黑❸小尖,白④拆二,黑❺封住白一子。看起来好像黑棋得利很多,但要知道白◎一子尚有活动能力,而且已得先手,如黑再于 A 位补一手可得二十多目。

2. 脱先

图 2 - 1 - 16 - 2 黑❶尖,白②拆二时黑❸脱先也是常见的下法,以下对应至白⑫曲是双方常形,虽白好一些,但黑脱先一手,还应算两分。

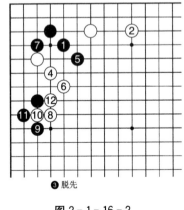

❸脱先

图 2 - 1 - 16 - 2

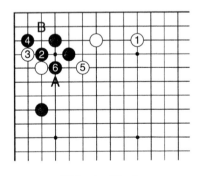

图 2 - 1 - 16 - 3

3. 定式

图 2 - 1 - 16 - 3,当白①拆二时,黑❷尖顶是重视角地的下法,白可待机

在 6 位或 A 位出动。也有白③扳角的,等黑④应后再 5 位飞扩大势力的下法。
并留下 B 位点官子的便宜。

4. 定式

图 2 - 1 - 16 - 4,白①反夹时黑❷飞出也是一种常见的应法。白③托,黑
❹扳当然,白⑤虎时黑❻打正确。如在 7 位退,因为有白① 一子,不好! 至黑⓮
长,角部黑棋实利很大,但要提防白 A 位顶封住黑棋的手筋。

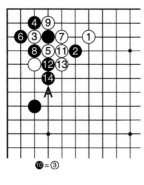

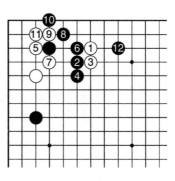

⓾=③

图 2 - 1 - 16 - 4　　　　　　　图 2 - 1 - 16 - 5

5. 定式

图 2 - 1 - 16 - 5,黑❷飞时白③先长一手是想发展右边,黑❹长后白⑤
托,黑❻挡下是为了攻击右边两子白棋,对应至黑⓬,如白对① ③两子处理不好
应是黑稍好。

6. 定式

图 2 - 1 - 16 - 6,黑❶压靠时白②挖是在征子
有利时才成立的下法,这是在此型下一再强调的一
手,黑❸在外面打,白④接上,黑❺在二路虎是好手,
白⑥碰,黑❼长,白⑧断打是弃子,以下白⑫冲出,黑
⓭提正确。结果勉强算两分。

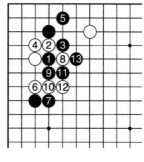

图 2 - 1 - 16 - 6

7. 定式

图 2-1-16-7,白①碰时黑❷上长,白③跳,好手! 有弹性。黑❹挡角实利大。白⑤打时黑❻如在7位长,不好! 所以黑 6 位打再 8 位接。两分局面。黑❹如在 5 位接,白即在 A 位粘,黑较重,不好。

小结:

由于黑二间低夹是重视右边的下法,双方均要对角上余味有所了解,其中的差别要做到心中有数。

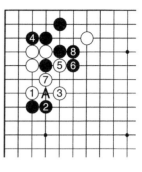

图 2-1-16-7

十七、二间低夹一间反夹应及其他

图 2-1-17,黑❸二间低夹时白④到另一面隔小目一路反夹小目一子,是一种挑战,比二间反夹要激烈一些。黑棋有 A 位尖出、B 位压、C 位平、D 位飞压白④一子等应法。

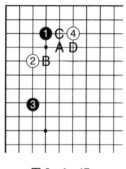

图 2-1-17

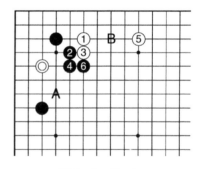

图 2-1-17-1

1. 定式(黑优)

图 2-1-17-1,白①反夹,黑❷尖出是稳中带攻。白③长出,黑❹长后白⑤拆三,黑❻曲,所谓"迎头一拐,力大如牛"。其中白⑤不敢再在 6 位压,如压则黑再长一手,白◎ 一子即失去活动能力了。黑❻曲过之后白很为难。如A 位飞逃◎一子,黑即 B 位打入。勉强两分。

2. 定式

图 2-1-17-2,黑❷靠时,白③ ⑤扳虎也不失为一种稳健的下法,黑

❻飞封白一子后白得先手。但白仍可利用◎一子的剩余价值,在 A 位点,得到角上大官子,所以仍是两分结果。

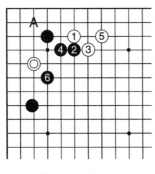

图 2‐1‐17‐2

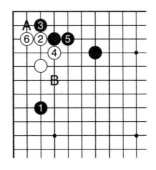

图 2‐1‐17‐3

3. 定式

图 2‐1‐17‐3,黑❶夹时白②托角是一种消极的下法,因为黑❶较远,白求安定是不求进取,黑❺后黑棋上面形好,白对下边黑❶一子鞭长莫及,而且黑以后有 A 位挡下搜根或 B 位飞封白棋的主动权,显然白棋不利。

4. 参考图

图 2‐1‐17‐4,当白①(图 2‐1‐17‐3 中的白④)虎时黑❷打,这在二间低夹中用是恶手,至白⑦双虎后黑 A 位扳,白 B 位长好,黑 C 位跳渡很委屈,如不渡,白 A 位立下黑被分开更不好。

小结:

当白棋一间反夹时黑棋最好的应法是小尖,既简明又实惠。黑棋要注意二间夹和一间夹的区别。

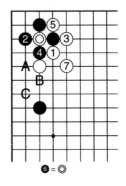

图 2‐1‐17‐4

十八、二间低夹后脱先

图 2‐1‐18,由于黑❸二间低夹比较宽松,白棋往往脱先,以后黑有 A 位尖顶取利和 B 位压以取外势两种应法。

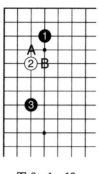

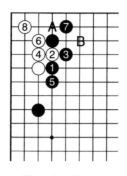

图 2－1－18　　　　　　　图 2－1－18－1

1. 定式

图 2－1－18－1,黑❶压,在征子有利时白可 2 位挖(前面已多次介绍这一点),黑❸不能在 4 位打,只有在外面打,白⑥挡时黑❼虎是好手,白⑧尖,活角,结果黑得外势,白活角加上原来脱先的一手棋应为两分。

也有白⑧在 A 位打后抢先手的,但那会失去 B 位刺的手段。

2. 定式

图 2－1－18－3,黑⓫压时,当白征子不利时只好 2 位长,黑❸接后白④碰是要点,至白⑩挡,黑⓫拆,黑棋优势明显。但如白棋原来脱先一手有相当价值的话,也可算两分。

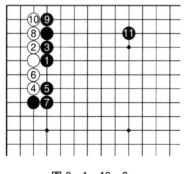

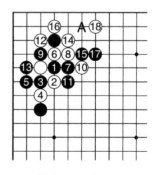

图 2－1－18－2　　　　　　图 2－1－18－3

3. 定式

图 2－1－18－3,黑❶压时白②不挖而改为外扳,黑❸断是强手,白④打

后再于 6 位打,这样白要照顾两面棋,是很不容易做到的事,白⑧长,黑❾必然要打,白⑩也是为留有余味,至黑⓱,白⑱不能不飞,否则黑 A 位跳,白将受到欺负。结果应算两分。

4. 定式

图 2－1－18－4,白棋脱先时黑❶尖顶是常用的缓攻白棋手段,白②必然长起,黑❸飞攻,白④飞出,黑❺尖是坚实的下法,白⑥仍要处逃,黑❼实利不小,但要防白 A 位跨下。

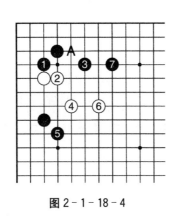

图 2－1－18－4

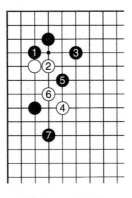

图 2－1－18－5

5. 定式(黑好)

图 2－1－18－5,黑❸飞时白④到下面飞镇黑子,黑❺先飞压一手逼白⑥尖补后再 7 位飞出是次序,初学者应明白这一交换,黑两边均有一定收获,而白尚未安定,黑稍优。

小结:

二间低夹时对方脱先是可以的,但黑棋有选择权,白棋较被动,尖顶虽缓一些,却是有效反击脱先的一手好棋。

十九、三间低夹飞压应

图 2－1－19,当白②小飞挂时黑❸隔三路在三线夹击白②一子,是兼顾全局平衡的下法,为配合下面角部黑子。

白④飞压小目一子,黑一般不会在 A 位冲,因为黑❸一子太远,对白棋影响不大,所以黑多 B 位应。

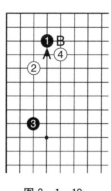

图 2 - 1 - 19

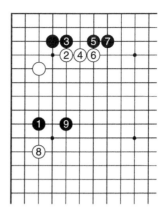

图 2 - 1 - 19 - 1

1. 定式

图 2 - 1 - 19 - 1，黑❶三间低夹，白②飞压，黑❸长，白④长，黑❺跳，白⑥再压一手加强外势使白变厚，白⑧再来夹击黑❶一子，黑❾跳起，以后可参阅二间低夹的变化。

2. 定式

图 2 - 1 - 19 - 2，黑❷(图 2 - 19 - 1 中的黑❺)跳时白③马上到下面夹击黑子，黑❹跳起，白⑤托角，黑❻压是取外势，白⑦挡防黑在此冲出，黑❽跳呼应下面两子，好！白⑨冲至白⑪立下，白得实利，黑得外势和先手，两分！

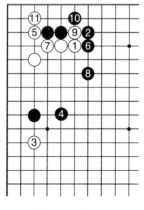

图 2 - 1 - 19 - 2

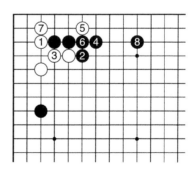

图 2 - 1 - 19 - 3

3. 定式

图 2－1－19－3 白①托时黑❷如重视外面可以扳起,白③挡,黑❹虎,白⑤点一手再 7 位立下是常识。黑❽拆边,两分。

4. 定式

图 2－1－19－4,黑❶扳时白②接上,而不在 A 位紧气,这样黑便失去了 B 位扳的手段。黑❸拆,白先手。此型是白棋求简明的下法,但总嫌缓了一些。

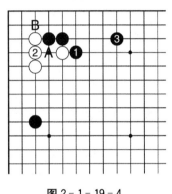

图 2-1-19-4

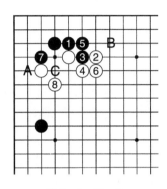

图 2-1-19-5

5. 定式

图 2－1－19－5,黑❶(图 2－1－19－1 中的黑❸)长时白②跳,是为了加强下面势力,黑❸挖至黑❼尖顶不只实利大而且黑棋可生根。白❽尖补,好手!如在 A 位立下,则黑在 B 位跳出后有 C 位扳出的手段。

小结:

三间低夹时白用小飞压比较激烈,黑棋一般不宜脱先,黑棋在三线平为简明下法,上冲则较复杂。

二十、三间低夹大跳应

图 2－1－20,黑❸三间低夹,白④大跳应是常见之形,是要夹击黑❸一子时才用。

黑有 A 位拆二和 B 位靠出的应法。

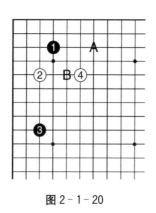

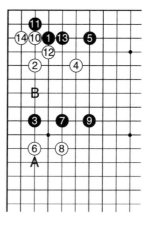

图 2 - 1 - 20　　　　　　　　　图 2 - 1 - 20 - 1

1. 定式

图 2 - 1 - 20 - 1,黑❸三间夹时白④大跳,因为黑❸较远,所以是可以成立的一手。

黑❺在右面拆二,白⑥反夹,经过黑❼、白⑧、黑❾交换后再回到白⑩托角,以下双方安定,两分。白②也可宽一路在 A 位夹,是为了配合下边白棋的下法,黑应 B 位应。以下白托角下法大同小异。

2. 定式(黑好)

图 2 - 1 - 20 - 2,对付三间低夹,黑❷可以飞靠(注意二间低夹时不宜),白③扳,黑④退,白⑤也退,黑❻当然断,至黑⑩后由于黑▲一子离得较远不怕攻击,所以黑优。

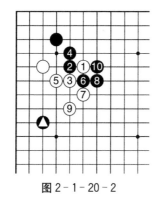

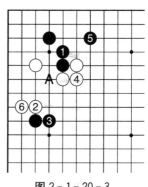

图 2 - 1 - 20 - 2　　　　　　　　图 2 - 1 - 20 - 3

74

3. 定式

图 2 - 1 - 20 - 3,黑❶(图 2 - 1 - 20 - 2 中的黑❹)长时,白②不在 A 位退而到下面碰是手筋,黑❸长后白④接上,黑❺飞,白⑥立下。白②碰的目的是防被黑 A 位扳出,结果两分。

4. 定式

图 2 - 1 - 20 - 4,白①跳时黑❷到下面拆二也是一种应法,白③跳下,黑❹尖后活角。简明!

小结:

黑三间低夹的大跳应,和二间夹时白大跳应有相同之处。但黑棋不宜在右边三线大飞应。这一点初学者要注意到。

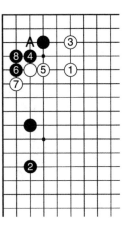

图 2 - 1 - 20 - 4

二十一、三间低夹托角应

图 2 - 1 - 21,白④用托角对付黑三间低夹,有人认为很有力,也有人认为过缓,笔者认为,应从全局配置来决定得失。

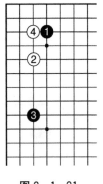

图 2 - 1 - 21

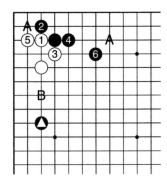

图 2 - 1 - 21 - 1

1. 定式

图 2 - 1 - 21 - 1,黑▲三间低夹时白①托角,以下为常见形。黑❻飞下法积极一些,也有 A 位拆二的,那是以实利稳健为主,或右边有白子时的下法。因为

是三间夹比较宽松,以后白棋 A、B 两点见合,所以一般黑❻后白多脱先。

2. 定式

图 2－1－21－2,白①直接尖顶,黑❷向角里长入,是弃子取外势的下法,白③必然扳,黑❹断应在双方意料之中,白⑤立,黑❻长,白⑦紧气,黑❽长是多弃一子,对应至白⑬,黑角里三子虽被吃,但外势也不小,应是两分。另外,黑❷如在 3 位长出白即 2 位扳,将还原成图 2－1－21－1 的变化。

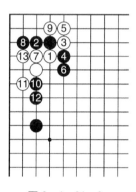 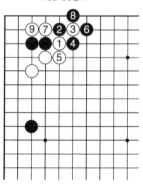

图 2－1－21－2　　　　　　图 2－1－21－3

3. 参考图

图 2－1－21－3,白①(图 2－1－21－2 中的白③)扳时黑❷不断而改为下面扳,无理! 白③连扳,好手! 以下至白⑨吃去角上两子黑棋,当然白好。白③也可 4 位长,让黑爬二路,还是白好。

小结:

白棋托角,黑棋应法和二间夹时有相通之处,以扳打最为有力。
白可用尖顶是避免黑棋扳打的下法,也可弃子取势。

二十二、三间低夹二间反夹应

图 2－1－22,白④到右边二间反夹黑❶小目一子在黑三间低夹时最为有力,比黑一间夹或二间夹时更为得当。这是白为发展右边势力的下法。

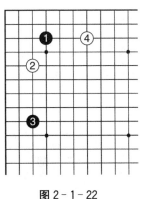

图 2-1-22

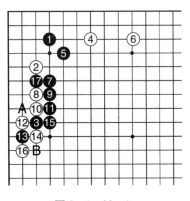

图 2-1-22-1

1. 定式

图 2-1-22-1,由于黑❸夹得比较远,白④到右边反夹也常见。黑❺小尖,白⑥到右边拆二,黑❼飞压下来,由于黑❸一子距离远,白不能让黑再补一手,否则黑实利太大,所以不宜脱先。白⑧跳,以下双方正常对应,黑⓱冲时白可脱先他投,两分。白⑫如 A 位接上,则白 B 位征吃白子,白角尚要做活。这就是当初黑不在 17 位冲的好处。

2. 定式

图 2-1-22-2,当白◎跳时黑❶尖封是"实尖虚镇"的强手。以下白②④两边飞是扩大眼位,白⑥冲一手是要点,白⑧退时黑❾不得不接。白⑩再转到上面,白⑫做活后黑⓭接,可以说是两分局面。

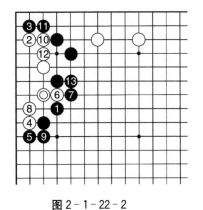

图 2-1-22-2

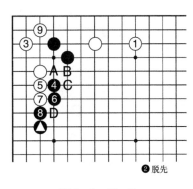

❷脱先

图 2-1-22-3

3. 定式

图 2-1-22-3,白①拆二后黑❷脱先也是有的。白③飞角,一是为了把自己做活,二是为了搜黑根。因有❶一子,黑❹可以飞压过来。至白⑨两不吃亏。以后白可 A 位冲,黑 B 位挡后留有 C 和 D 两处断头。所以当时黑❽也有 D 位退的下法。

4. 定式(白不满)

图 2-1-22-4,白◎反夹时黑❶尖出,白②立即飞入角部。进行至白⑩尖补活,黑⑪飞起补断头,黑棋外势整齐,白棋如◎一子被攻,则只有 A 位渡过。所以白不满。

小结:

白二间反夹后,黑棋最稳健的应法是从小目尖出,正合"尖无恶手"棋谚。至于其他应法要看周围配置而定优劣。压靠白子,结果不理想。

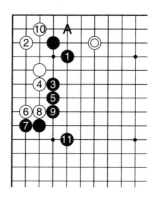

图 2-1-22-4

二十三、三间低夹一间反夹应

图 2-1-23 当黑❸三间低夹时,白②反过来在下面夹击黑❸一子,是为了配合下面白棋形势才肯下的一手棋。

另外,白棋也有脱先的下法。

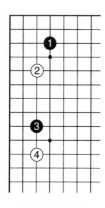

图 2-1-23

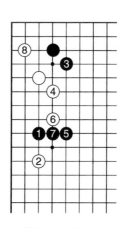

图 2-1-23-1

78

1. 定式

图 2 - 1 - 23 - 1,黑❶三间低夹,白②反夹,黑❸尖起,白④也要尖起。黑❺跳,白⑥先刺一手再白⑧飞入角部,结果双方均可下。

2. 定式

图 2 - 1 - 23 - 2,白②脱先,是因为黑❶是三间低夹,不太激烈。黑❸尖顶,白④上挺,黑❺飞、白⑥也飞出,轻盈。黑❼尖,白⑧飞后黑❾跳是防白 A 位跨。结果双方可以接受。

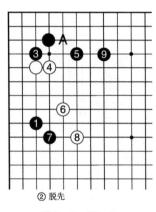

图 2 - 1 - 23 - 2

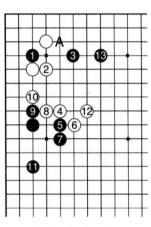

图 2 - 1 - 23 - 3

3. 定式

图 2 - 1 - 23 - 3,白④大飞时黑❺靠,白⑥扳,以下对应为双方正常交换。黑⓭是防白 A 位跨下。虽然结果黑棋两面均不错,但白原脱先了一手,现又得到先手,能安定就可以满足了。

4. 定式

图 2 - 1 - 23 - 4 黑❶小飞时白②向下面一子肩冲,是露骨地要在 8 位跨。黑❼拆时

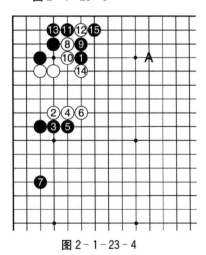

图 2 - 1 - 23 - 4

白⑧如愿跨下,黑❾夹是对付白⑧的好手筋,至白⑭虽得到扳,但黑更加厚实了,白不爽。黑❸也可 15 位打,则白 13 位打,黑提白⑫一子,白角上补,黑 A 位拆,也不坏。

小结:

由于黑三间低夹较缓,白棋或反夹是为配合外面形势而脱先也为常见,黑棋以靠压白棋为好。

二十四、三间低夹一间反夹及三间反夹应

图 2－1－24,白④一间反夹黑❶,是为了不让黑棋脱先在右边形成厚势,达到呼应右边原有势力的目的,黑棋 A 位尖最为简明,B 位压靠也可下。另外,也有在 C 位三间反夹的,今合于一处介绍。

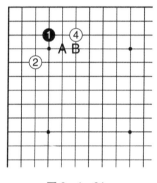

图 2－1－24

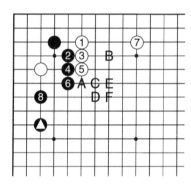

图 2－1－24－1

1. 定式

图 2－1－24－1,黑▲三间低夹时,白①在右边一间反夹黑小目一子。初学者要注意分辨二间夹和三间夹的区别。

黑❷尖,稳健。白③ ⑤连压后再白⑦拆三,是防黑 A 位曲,如拆四则黑 A 后可 B 位打入,所以只有 C 位扳,黑 D,白 E,黑仍可 F 位连压,白所得不多,而黑棋增加不少厚势。现在黑如 A 位曲,白可不应。黑❽后白得先手可以满意。

2. 定式

图 2－1－24－2黑❹退时白⑤不虎而接,黑❻立即扳,白⑨后在 11 位拆边。黑⓬曲,厚实!由于白棋◎一子还有相当活动能力,所以仍算两分。

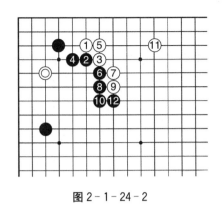

图 2-1-24-2

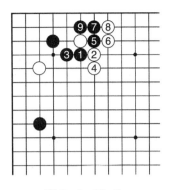

图 2-1-24-3

3. 定式

图 2-1-24-3,白棋为了发展右边外势,在黑❸退时不虎而在 4 位挺起。黑❺断,白⑥打后再于 8 位挡下,黑❾抱吃一子白棋,实利很大,白棋外势如不能挽回失去的利益,则大亏。

4. 定式(征子)

图 2-1-24-4,在白子征子有利时,黑❶尖顶白②可以飞应,黑❸扳,白④挤入,黑❺改在外面打,以下对应至白⑫,应为两分。若白征子不利,则黑❺在 6 位接上后,白无后续手段。

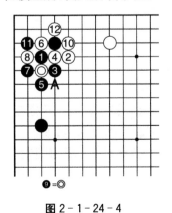

❾=○

图 2-1-24-4

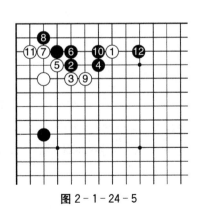

图 2-1-24-5

5. 定式

图 2 - 1 - 24 - 5,白①三间夹时黑❷向外小尖,白③靠上去,黑❹跳,轻盈。白⑤挤,黑❻接上,至黑⓬为双方正应,两分。有些变化可参阅二间夹定式。在此不再重复。

小结:

对付白一间反夹,黑棋以压靠为正应;而对付三间反夹则黑以尖出最佳。

二十五、三间低夹大飞应

图 2 - 1 - 25,白④大飞应,称之为"大斜",变化比较复杂,将另外设一节详细讲解。

黑棋有 A 位压、B 位尖顶、C 位平和 D 位托等应手。

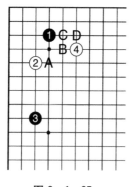

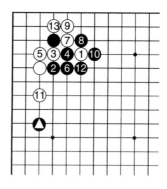

图 2 - 1 - 25   图 2 - 1 - 25 - 1

1. 定式(白稍好)

图 2 - 1 - 25 - 1,白①由于黑▲一子较远,可以大飞压,称之为"大斜"。黑❷靠出是对付大斜最有力的反击,白③挖,黑❹只能外面打,如在 5 位打,正好白 4 位接上,就不再是征子问题了,对应至白⓭是常形。结果黑▲一子太靠近白棋了。黑不爽。

2. 定式(黑重复)

图 2 - 1 - 25 - 2,黑❻改为在上面接,白⑦当然断打,黑❽长,白⑨进角,要点! 以下为双方正应。黑⓲不可省,否则白 A 位攻击黑棋,黑为难。结果还

是黑⬤一子位置不佳,有重复之嫌。

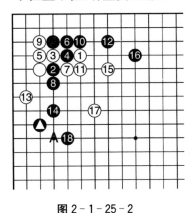

图 2-1-25-2 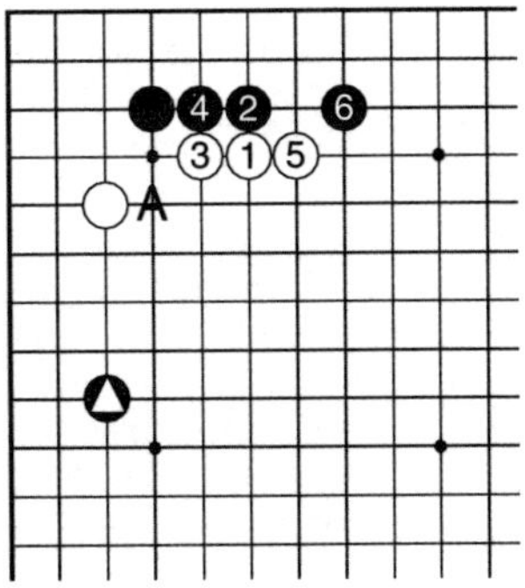　　　　　　　　图 2-1-25-3

3. 定式

图 2-1-25-3,白①大斜时黑❷改为托,是不能在 A 位跨出作战时采用的下法,也很有力。白③退,黑❹接,白⑤长,黑❻跳出,双方平稳,仍可算两分。

4. 定式

图 2-1-25-4,白①大斜,黑❷尖顶是为求简明的下法。以下双方至黑❿跳,结果黑得实利,但低位,白外势也有黑一子的限制,两分。

其中黑❽不可跳,如跳则白 A、B 扳后是先手。因为白有 8 位的冲,初学者不可不知。

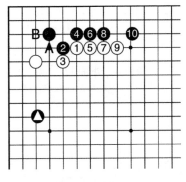

图 2-1-25-4

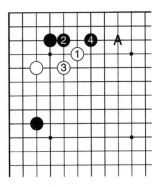

图 2-1-25-5

5. 定式

图 2－1－25－5,白①大飞时,黑❷简单地平是在外面作战不利时的下法。白③尖回,黑❹跳,双方简明。

小结:

大斜是一种复杂的下法,在此型中黑棋要尽力发挥黑❸一子的作用。

二十六、三间低夹镇应

图 2－1－26－1,白④镇是在黑三间夹时可能有的应法,是有骗着味道,黑棋只要镇静对待,不会吃亏。

1. 定式

图 2－1－26－1,黑❺尖应,坚实! 白⑥靠下时黑棋不予理睬而到右边拆,沉着。白如脱先,黑有 A 和 B 位扳的选择。白⑥如在 C 位靠,黑可 D 位飞出,封白②一子。

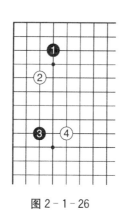

图 2－1－26

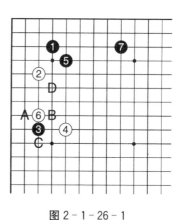

图 2－1－26－1

2. 定式

图 2－1－26－2,白①镇,黑❷飞应也是不坏的下法,白③靠下,黑❹扳,白⑤扭断,黑❻先打一手,再 8 位打吃。白⑨忙里偷闲,到上面逼,黑❿尖,白再回到左边 11 位打至黑⓰顶角,应是黑好。但白得先手可补其不足,所以还算

两分。

小结:

由于三间低夹比较缓和,大多是黑棋时配合全盘局势时的下法。白棋以反夹比较常见。至于白用大斜则很复杂,这将作为一型进行专题介绍。

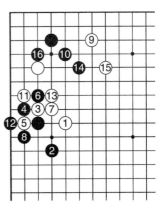

图 2 - 1 - 26 - 2

二十七、一间高夹白脱先

图 2 - 1 - 27,黑❸一间高夹是为了取得速度而下出的紧凑手段。白棋不能脱先,否则被黑在 A 位压很难处理。另外白也不宜飞角和 C 位飞压,一般在 D 位跳、E 位飞、F 位托和 G 位外托。

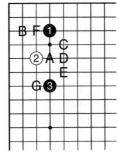

图 2 - 1 - 27

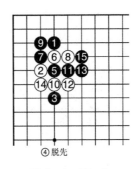

④脱先

图 2 - 1 - 27 - 1

1. **参考图**

图 2 - 1 - 27 - 1,黑❸一间高夹时白④脱先,黑❺立即压,白⑥挖,因为有黑❸一子,所以不存在征子问题。黑❼打,白⑧长无理,以下对应至白⑭接,黑⑮吃下两子白棋实利太大,恐怕是白脱先一手的价值远远比不上的。

2. **参考图**

图 2 - 1 - 27 - 2,黑❶压时白②改为向里长,黑❸接上,至黑❼,白棋被紧紧封在里面,显然不利。

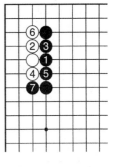

图 2 - 1 - 27 - 2

二十八、一间高夹白跳应

图 2－1－28,黑❸夹时白④跳出为正应。黑❺飞也是因为黑❸一子是一间夹的关系。

白棋有 A 位反夹、B 位压和右边反击黑三子的应法。

1. 定式

图 2－1－28－1,黑❶(图 2－1－28 中的

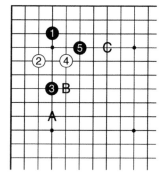

图 2－1－28

黑❺)飞起时,白②到下面反夹是轻视白◎一子作用的下法,黑❸跳,白④托过,黑❺有时可脱先,现在冲,白⑥接,黑❼再冲,白⑧进角,黑棋脱先。如黑在 A 位接,白则 B 位进角。此型如下面有黑棋势力则黑好! 如是白棋则白好!

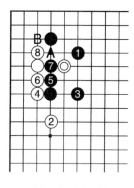

图 2－1－28－1

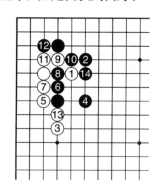

图 2－1－28－2

2. 定式

图 2－1－28－2,当黑❽(图 2－1－28－1 中的黑❼)冲时,白⑨挖是为了不让黑棋形成上面的厚势,黑❿当然打,黑⓬也必挡角,大极! 白⓭顶后黑吃白一子。黑实利不小,白得先手,应为两分。

3. 定式

图 2－1－28－3,白①夹时黑❷在二线跳下阻渡也是一法。白③压,黑❹冲至白⑨,白得外势,黑得实利,双方均可满意。但在适当时机黑有 A 位扳出

的手段,所以可以说黑稍好。

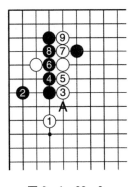

图 2-1-28-3

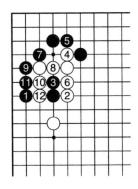

图 2-1-28-4

4. 变化图(黑好)

图 2-1-28-4,当黑❸(图 2-1-28-3 中的黑❹)冲时白④先到上面冲一手,等黑❺挡后再白⑥接上。黑❼也改为尖顶,好手!以下至白⑫,白虽吃得两子黑棋,但这两子精华已尽,黑弃之并不可惜,并且黑角部实利很大,应是黑好!

5. 定式

图 2-1-28-5,黑❺飞起时白⑥压靠黑❸一子,黑❼扳是当然一手,白⑧长,黑❾顶角不可省。对应至黑⓯,应为两分。如右边有白子,黑⓯应下在 A 位。

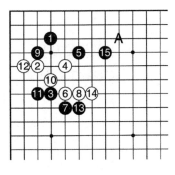

图 2-1-28-5

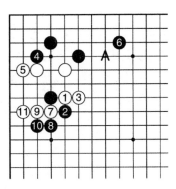

图 2-1-28-6

6. 定式

图 2－1－28－6,当白⑤(图2－1－28－5 中的白⑫)立下时,黑❻即在右边拆是弃子的下法,重视上面。白⑦断至白⑪立下,仍是两分局面,当然黑❻也可在 A 位拆一。

7. 定式

图 2－1－28－7,黑❶飞起时白②在下面有◎一子时可以到右边逼。黑❸当然要长出,至白⑧上长以后,黑有 A 和 B 两处可选择,这要酌情而定。结果还可算两分。

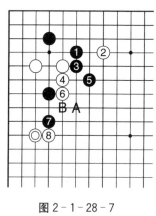

图 2－1－28－7

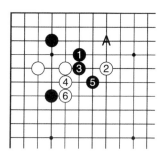

图 2－1－28－8

8. 定式

图 2－1－28－8,黑❶飞起时,白②高一路夹也是常见的下法。黑❸压后再于黑❺尖出,白⑥压出。结果白②一子很轻,黑棋一时无攻击手段。以后黑 A 位飞或白 B 位跳是双方要点。暂时可算两分。

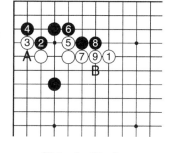

图 2－1－28－9

9. 定式

图 2－1－28－9,白①夹时黑❷顶角是重实利的下法,白③先和黑❹交换一手是为争先手,接着白⑤冲,⑦⑨连压两手和白①连在一起封住黑

棋。黑得实利,白得外势,应为两分。白③如在 A 位立则黑 B 位飞出。

小结:

黑一间高夹是一种紧迫的夹法,但现在不常见。因为处于四线,不易得到实利。

二十九、二间高夹小飞应

图 2－1－29,黑❸在隔白②二路四线夹被称为二间高夹。介于一间高夹和三间夹之间,在或紧或松之间,但定式多落后手。今后白棋有很多应点。

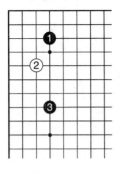 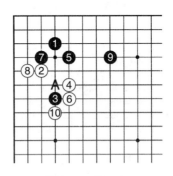

图 2－1－29　　　　　　图 2－1－29－1

1. 定式

图 2－1－29－1,黑❸二间高夹,白④飞应比跳要积极一些,但容易引起战斗,对此要有充分的准备。

黑❺小尖是稳健应法,还有 A 位的冲断,白⑥压,黑❼尖顶后再 9 位拆,白⑩也要补一手,否则黑❿位长出白将被攻击。结果两分。

2. 定式

图 2－1－29－2,黑❶尖,白②压,黑❸改为跳出,态度强硬。白④夹在一般情况下是好手,但在此形中黑❺虎后至黑❾开劫,所谓开局无劫,白如粘上又亏。所以白④多在 8 位挖。

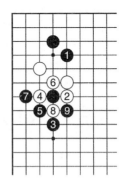

图 2－1－29－2

3. 定式

图 2 - 1 - 29 - 3，白③压时一般情况下黑不长，长则滞。但在下面有黑子接应时也可 4 位长出，白⑤曲防冲，黑❻也曲。白⑦扳后再于 9 位连扳，以下至白⑮提一子黑棋，黑⓰拆，应是两分。如果下方有白子白在 A 位点方，黑将受攻，所以黑要提防这一点。

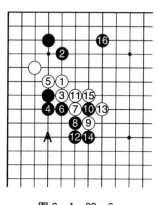

图 2 - 1 - 29 - 3

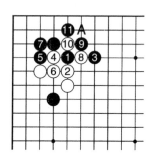

图 2 - 1 - 29 - 4

4. 定式

图 2 - 1 - 29 - 4，黑❶尖时白②顶是强手，黑❸跳，白④虎挤，黑❺打后再黑❼接上是不让步的下法，以下双方互不相让至黑⓫渡过，白如 A 位开劫，一因开局无劫，二因黑有三个本身劫材，白恐难胜劫。应算黑好。

5. 定式

图 2 - 1 - 29 - 5，白①飞，黑❷也飞起，是常见之形。白③压，黑❹顶，白⑤挺起，黑❻跳是防白 A 位跨。白⑦必补，不然黑有 B 位长和 C 位扳的选择，白将吃亏。

6. 定式

图 2 - 1 - 29 - 6，黑❶飞，白②马上托角是求安定的下法。至白⑧有必要压一手，不然黑

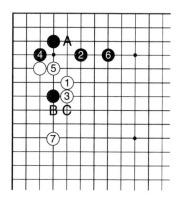

图 2 - 1 - 29 - 5

从 8 位压过来白将受到欺负。结果黑得先手。还是两分局面。

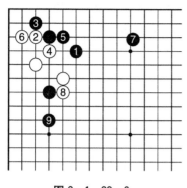

图 2-1-29-6

图 2-1-29-7

7. 定式

图 2-1-29-7,白①飞时黑❷在上面拆二是稳健的一手棋,白③压,黑❹跳,白⑤挖,黑❻当然打,至黑❽,也是一个简明定式,应为两分。

8. 定式(白好)

图 2-1-29-8,黑❶拆二时,白②先点一手再白④托角是常用手法,双方对应至黑❾跳,白⑩立角是必不可少的一手棋。结果白棋比图 2-1-29-7 要占便宜一些。

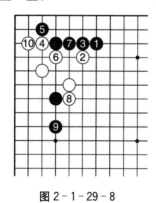

图 2-1-29-8

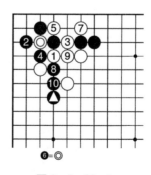

❻=◎

图 2-1-29-9

9. 正解图

图 2-1-29-9,图 2-1-29-8 中,黑❼接较弱,所以吃了点亏。

应改在此图中 2 位打,因为下面有黑❶一子接应。以下至黑❿接上之后,和图 2－1－29－8比较一下就可知是黑好多了,而白棋所得不多。

小结:

当白棋用向外小飞来对付黑棋二间高夹,虽然变化不少,但也有简明下法,初学者要慎重选择。

三十、一间高夹托角应

图 2－1－30,白②小飞挂,黑❸一间高夹时白④马上托角应,一般是外面有白势力时选择的求安定的下法。

黑的应法也很简单,只有 A 位拆和 B 位长两种。

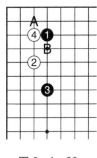

图 2－1－30

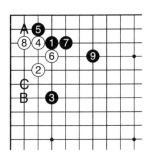

图 2－1－30－1

1. 定式

图 2－1－30－1,白④托角,黑❺扳,以下对应为常形,黑❾飞后白可托先。因为以后黑如 A 位挡角,则白可 B 位飞;黑如 C 位飞逼则白 A 位曲。所以结果应为两分。

2. 定式

图 2－1－30－2白①托角,黑❷不在 A 位扳而长,白③接至白⑦跳,黑棋成为一道厚墙,黑❽后很是可观,而白棋得到实利和先手,也可满意。两分。

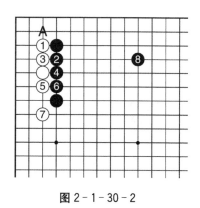

图2-1-30-2

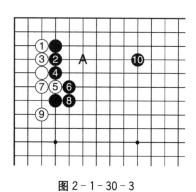

图2-1-30-3

3. 定式

图2-1-30-3,当黑❹压时,白⑤挖,黑❻在外面打是稳健的下法,但软弱了一点,至黑❿,和图2-1-30-2的区别是白棋以后有A位"觑"的手段。所以和图2-1-30-2相比白棋欢迎这种变化。

小结:

白棋用托角对付黑棋一间高夹是消极的下法,只有在黑外部较强时为求安定才肯下的。

三十一、一间高夹外托应

图2-1-31,所谓"托易腾挪",白④到黑❸下面托是为了达到整形的目的,这可产生一系列复杂的变化。双方均要有充分的准备。

黑棋有A位扳,白必然B位断,这就将产生复杂变化。黑如C位退是简易应法,变化少一些。

1. 定式(黑好)

图2-1-31-1,白①托,黑❷退是平稳下法,白③接

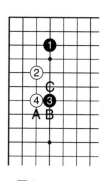

图2-1-31

上,黑❹压,白⑤到下面扳起,黑❻守角,白⑦也虎,形成同形。但黑既得角部实利,又有外势,还是先手,局部黑好。如右边白棋原有相当势力则白可下。

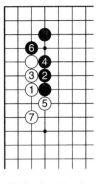
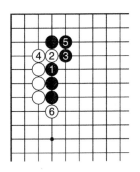

图 2－1－31－1　　　　　图 2－1－31－2

2. 变化图(白爽)

图 2－1－31－2,白棋不满图 2－1－31－1 中的变化,图 1－31－1 将白⑤改为此图中 2 位挖,黑❸在右边打有点软弱。白④接后黑❺当然也接上,白⑥在黑棋三子头上扳,爽! 黑棋苦。

3. 正解图

图 2－1－31－3,白①(图 2－1－31－2 中的白②)挖时黑❷在左面边才是不甘被欺负的强手,白③长,黑❹接后白⑤不能不长,如被黑在此处扳,白将不堪。黑❻先在上面小飞,逼白⑦跳出再 8 位跳。以下将展开中盘战斗,但黑棋较好处理,而白棋中间三子将被攻击,所以应是黑好!

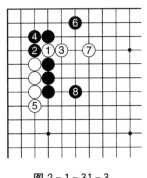
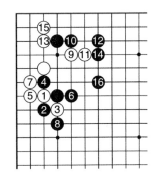

图 2－1－31－3　　　　　图 2－1－31－4

4. 定式(黑好)

图 2－1－31－4,白①托时黑❷拆下,但条件是黑征子有利。黑❹先打

后再黑❻长出,是常用手段。白⑦曲,黑❽征白③一子,白⑨ ⑪是不得已而为之。白⑬托角,黑⓮挺出,白⑮立后,黑⓰封住白棋。白虽先手得角,但黑外势太厚,局部黑好!

5. 定式

图２－１－３１－５,当白③扭断时黑❹到三线长出也是一法,白⑤到上面碰是腾挪手段,黑❻再挺出,白⑦尖顶,黑❽、白⑨各吃一子,黑棋厚实又得先手,让白棋得角可以接受,白也很实惠,应是两分。

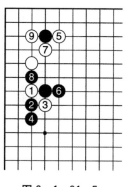 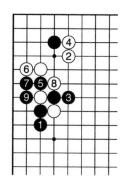

图２－１－３１－５　　　　　图２－１－３１－６

6. 定式

图２－１－３１－６,黑❶长时白②到上面飞压,是求转换的下法。黑❸仍然挺起,白④挡下,至黑❾提白一子,白得先手和角部实利,而黑棋外势雄厚,还是两分局面。

7. 变化图(白好)

图２－１－３１－７,白①(图２－１－３１－６中的白②)飞压时黑❷长出,无理! 白③马上打,以下是"滚打包收",白⑨取得先手后利用外势在11位逼黑两子,黑棋即使勉强做活,也只是增强白棋厚势而已。

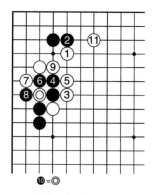

⑩ =◎

图２－１－３１－７

小结:

白棋外托一般是在一定场合下选择的下法,虽然复杂一点,但黑棋主动,只要黑棋能沉着对应,白棋不会占到便宜。

　　黑棋对白小飞挂的一间高夹是最紧逼的下法,是不让白棋脱先。但因为在四线,处于高位,实利上容易吃亏。但能和外面形势得到配合,在追求布局速度时是可以用的。

三十二、二间高夹小尖应

　　图2－1－32,黑❸隔二路在四线上夹击白②一子,叫做二间高夹,不如一间夹紧迫,但比三间夹要积极一些,多为棋手所喜爱,所以至今流行不衰。白棋归纳起来有从 A 到 K 加上脱先等应法,下面逐一介绍。

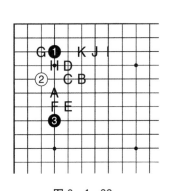

图2-1-32

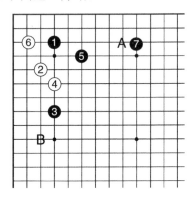

图2-1-32-1

1. 定式

　　图2－1－32－1,黑❸夹,白④小尖应是稳健的下法,白子实利稍损,但多可获得先手。

　　黑❺飞,白⑥飞入角为的是生根,黑❼拆,也有拆在 A 位的,以下白可脱先,也可 B 位夹击黑❸一子。

2. 定式

　　图2－1－32－2,黑❶飞起时,白②托是为求安定的一种下法。黑❸扳,白④尖顶,黑❺退正确。至黑❼拆,白棋虽先手已安定,但黑棋也相对坚实了,所以高手中此型很少见到。

96

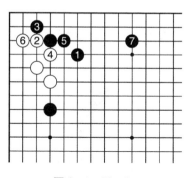

图 2－1－32－2

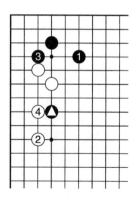

图 2－1－32－3

3. 定式

图 2－1－32－3,黑❶飞时白②到下面夹击黑▲一子,黑❸尖顶,白④托过,应为两分。

4. 定式

图 2－1－32－4,白①尖时,黑❷立即尖顶角部是重实利的下法,白③扳至黑❽跳是常形,黑得实利不小,但白得先手,可算两分。以后白在 A、B 两处可选一处补强自己。

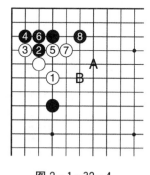

图 2－1－32－4

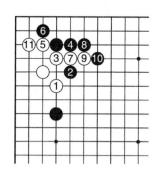

图 2－1－32－5

5. 定式

图 2－1－32－5,白①小尖时,黑❷飞起是强手,白③尖顶,黑❹退,白⑤马上转到角上扳,等黑❻应后再白⑦冲,至白⑪立下生根,可算两分。

97

6. 定式

图 2－1－32－6,黑❺不在 6 位打而曲下是求简明的下法,白⑥挡下,黑❼立下补活,白⑧跳出,结果双方皆可接受。

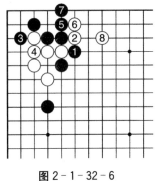

图 2－1－32－6

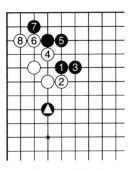

图 2－1－32－7

7. 场合定式

图 2－1－32－7 在特定场合下,黑❶飞时白②先压一手,等黑❸长后再白④顶,黑❺也退,白⑥扳、⑧立后结果要看以后白棋攻击下面一子黑棋的效果来定得失。

小结:

黑二间高夹白小尖应较缓,黑棋向右边小飞应比较简单,向下小飞则较复杂,初学者要慎重选用。

三十三、二间高夹大跳应

图 2－1－33,对应黑❸二间高夹时,白④大跳应是最常见的下法,一般在下面有白棋配合时采用。

1. 定式

图 2－1－33－1,白④跳起,黑❺到上面拆二,是重视实地的下法,白⑥到下面反夹是按原定计划配合下面白棋以挽回角上损失。黑❼飞起攻击白两子,白⑧托角生根,黑❾扳平稳。白⑫是防黑 A 位跨。黑❶❺刺是先手便宜。结果可算两分。

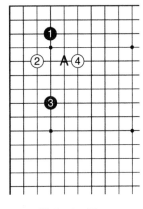

图 2－1－33

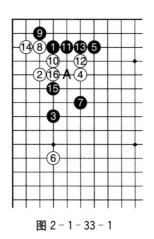

图 2-1-33-1

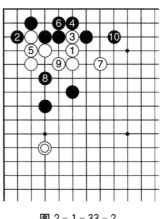

图 2-1-33-2

2. 定式

图 2-1-33-2,白①(图 2-1-33-1 中的白⑫)刺时,黑抓住时机在角上打,白③当然冲,黑❹挡后白⑤也不能不接,黑❻补断,至黑❿跳后要看白棋攻击,中间三子黑棋所得利益多少才能定其优劣,这在当初白在◎位夹时就应有所准备。

3. 定式

图 2-1-33-3,黑❶(图 2-1-33-1 中黑❼)飞攻时白②尖顶,黑❸长白④跳起,黑❺飞是防止白 6 位扳角的好手,白⑥挡后,结果要看黑棋如何处理中间两子,应为两分。

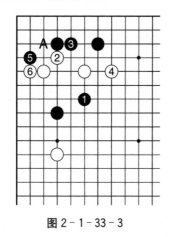

图 2-1-33-3

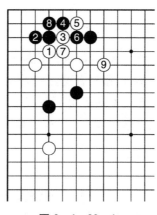

图 2-1-33-4

4. 定式

图 2－1－33－4，白(图 2－1－33－3 中的白②)尖顶时黑❷向角里长，白③ ⑤连扳，黑❻打后再于 8 位补断，白⑨跳出，结果和图 2－1－33－3 大同小异，但白稍厚一些。

5. 定式

图 2－1－33－5，白①大跳时黑❷靠出，白③挡，以后的双方对应至白⑪扳，是典型两分。

此型只是一个示范而已，在实战对局中很少见到，而是有很复杂的对应。

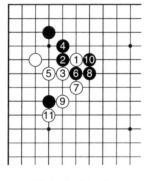

图 2－1－33－5

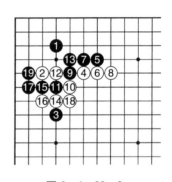

图 2－1－33－6

6. 定式

图 2－1－33－6，白④二间关出时，黑❺大飞应是在征子有利的情况下的一种强硬下法，可能反而把局面搞乱，不宜采用，但学棋者不可不知其变化。

白⑥压、黑❼只有退，白⑧长出，好手！黑❾ ⓫连扳是黑棋的权利，白⑫先打一手多弃一子是常用手法。至黑⓳吃去两子白棋，黑角实利很大，白外势也很雄厚。应是两分。

7. 参考图

图 2－1－33－7，黑▲大飞时，白① ③ ⑤连压三手在下面有白势力时可以成立，黑❻飞后所获实利很大，关键要看以后白棋对下面一子黑棋攻击的收

获来定双方得失,但局部还是两分。

小结:

二间关出是对付二间高夹的主要应法,有简明和复杂的几种定式和变化,一般多为两分。初学者可举一反三择而用之。

三十四、二间高夹象步飞应

图 2-1-34,黑❶二间高夹时,白②象步飞出肩侵黑❶一子,是为了配合下面角上白子的下法。

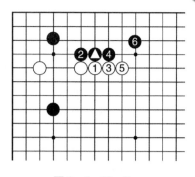

图 2-1-33-7

黑❸在上面飞,白④挡下后双方均可下。黑还有在 A、B 等处应的,但不宜 D 位穿象眼。

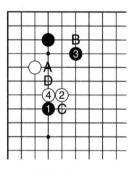

图 2-1-34

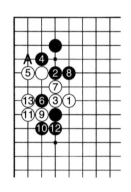

图 2-1-34-1

1. 定式

图 2-1-34-1,黑❷在上面压靠,白③仍在这边挡下,黑❹虎守角,白⑤立下,好手! 黑❻扳是诱白 7 位顶,好顺势黑❽挺起。白⑨断至黑⓬接是正常对应,虽白棋较重复,但仍可算两分。黑⓾如 A 位挡角重视角部实地,白即于 10 位长出,也是一种变化。

2. 定式

图 2-1-34-2,白②飞压时黑❸不在 A 位冲而长,白④也长,黑❺跳后白⑥退回压住黑 ❶一子,黑棋明显吃亏。

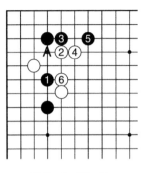

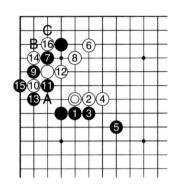

图 2-1-34-2   图 2-1-34-3

3. 定式

图 2-1-34-3，黑❶贴长对付◎一子的肩侵也是常用手法，白②长，黑❸再压一手然后黑❺飞出，这要下方原有黑棋配置才好，如是白棋则不成立。白⑥转到上面夹击黑一子，黑❼尖顶时白⑧好手！如白 12 位退黑可扳粘活角。黑❾渡，白⑩扳，以下为正常对应，属两分。以后黑有 B 位打后再 C 位的官子利益。

白⑩断时黑如 B 位粘，黑可活角，但白 A 位虎后下面黑棋露风，违反了当初筑外势的初衷，不好！

小结：白棋象步肩侵是一种变着，黑棋只要不穿象眼，并不复杂。

三十五、二间高夹碰应

图 2-1-35，黑❸二间高夹时，对于白④碰这一手棋评价不一，有人说这是很有力的一手，也有人说是在根据周围情况随机应变的一手棋。黑棋有 A、B、C 等处应手。其中 A 位扳就还原成一间低夹定式。

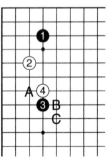

图 2-1-35

1. 定式（常形）

图 2-1-35-1，黑❶上扳，白②退，黑❸粘，白④飞出，要点！黑❺拆二。这是一个常形，但白棋稍亏。因为黑二间高夹时，白④大

跳,黑❺拆二,白不在下面去夹击黑⬤一子,而在◎位碰加强黑子,明显矛盾。

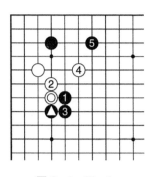

图 2-1-35-1

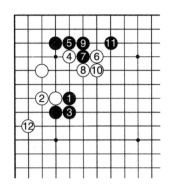

图 2-1-35-2

2. 定式

图 2-1-35-2,黑❶扳时白②不退而立下要比退好。黑❸仍要接,白④飞后再白⑥跳,轻盈!黑❼挖白⑧打后白⑩粘,黑⓫跳,白⑫也要飞出,是双方都可接受的两分结果。

3. 定式

图 2-1-35-3,白①碰时黑❷长,白③贴长,黑❹不长不行。白⑤到上面逼,至黑⓾活角,和象步飞有点相似,但此形黑棋可以活角。两分。

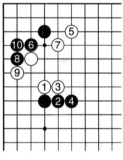

图 2-1-35-3

小结:

白棋用碰也不失为一种腾挪的下法,可将黑棋逼成发展下面。如下面是白棋势力应是一种有力的下法,但要注意自己不能重复。

三十六、二间高夹托角应

图 2-1-36,黑❸二间高夹时白④托角是为了尽快生根而下的一手棋,嫌缓。黑的应法一般只有一种,即在 A 位扳。

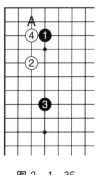
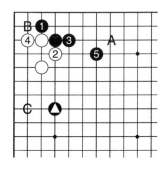

图 2 - 1 - 36　　　　　　　　图 2 - 1 - 36 - 1

1. 定式

图 1 - 1 - 36 - 1,黑❶扳,白②虎,黑❸退,白④立下后黑❺飞起,也可在 A 位拆二,飞起是为了攻击角上数子白棋和加强与黑▲一子的联系。以后 B、C 两处双方各得一处。

2. 定式

图 2 - 36 - 2,白②尖顶时黑❸在角上反打是可以成立的。白④必然反打,黑❺提后双方常形,黑❾扳是不可省略的一手棋,白⑩长,黑⓫跳渡过右边一子黑棋,结果还算两分。

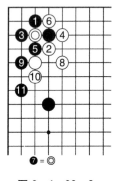
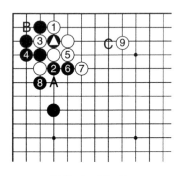

❼ = ◎

图 2 - 1 - 36 - 2　　　　　　图 2 - 1 - 36 - 3

3. 定式

图 2 - 36 - 3,白①(图 2 - 36 - 2 中的白⑥)打时黑❷不粘而是到下面断打,白③先提一子,让黑❹粘上后白⑤团是愚形好手,如随手 6 位打,黑正好 A

位打,是帮黑棋行棋,而且以后黑❹位提劫后对白不利。白如△位接更不好,黑即于B位接上白只有C位拆二了,黑再6位长出,白大坏。所以图中白⑤是好形。黑❻压白⑦扳,黑❽吃一子正确,白⑨拆,应为两分。

4. 场合定式

图2-1-36-4,这也是在右边有子配合时才可采用的定式。白①托角,黑❷长,白③接,以下至黑❽,黑形成厚势,白得角上实利和先手。如右边无黑子配置,白立即投子,黑外势将不能发挥作用。

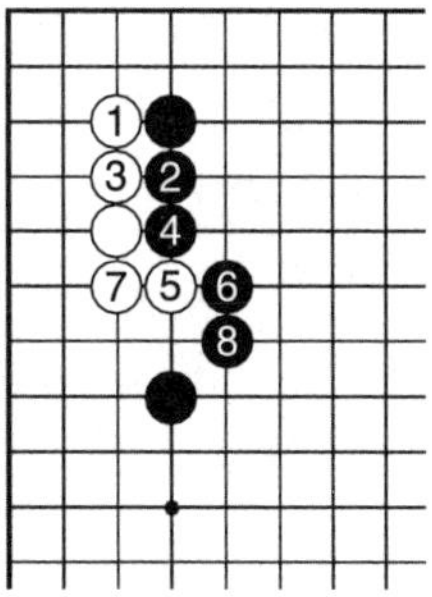

小结:

白三三托角是有些不求进取的下法,结果多为黑好。现在对局中已经不多见了。

图2-1-36-4

三十七、二间高夹尖顶应

图2-1-37,黑❸二间高夹时白④尖顶应是为了不让黑棋有在角上打的可能,从而采取的一种变通下法,但结果不会满意。

黑如A位长,则白B、黑C、白D,是前面已介绍过的下法,在此不多介绍了。

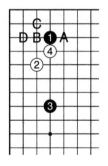

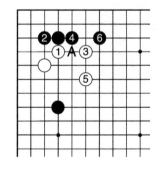

图2-1-37　　　　　图2-1-37-1

1. 参考图(白不行)

图2-1-37-1,白①尖顶时黑❷向角里长入,白③跳,黑❹长,白⑤必然跳起以补A位冲的缺陷。黑❻跳,结果黑得实利,白几乎一无所得,所以白大亏。因此此型不成立。

2. 参考图

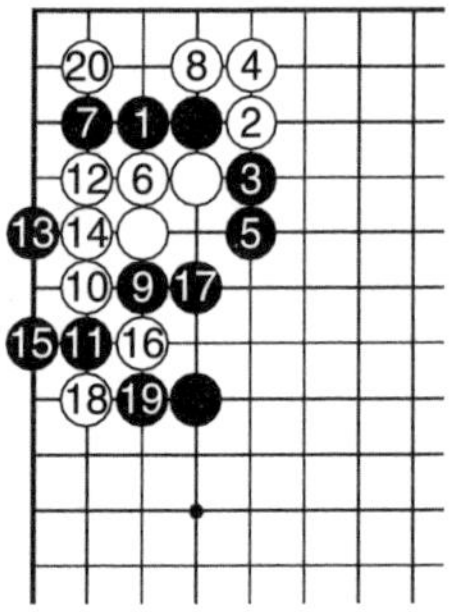

图2－1－37－2,当黑❶(图2－1－37－1中的黑
❶)向角里长入时,白②扳是强手,以下即产生了一系列复杂
的变化,在白征子不利时,黑❸断,白④立下,以后双方只能
如图中次序进行。其中黑❸点是妙手! 结果至白⑳吃角里
三子黑棋,黑棋先手紧封白棋,白角上所获实利远远不能和
黑棋外势相比的。

所以,白棋在征子不利时白②扳是不成立的。

图2－1－37－2

3. 定式

图2－1－37－3,当白征子有利时,黑❶(图2－1
－37－2中的黑⓫)扳时白可2位打出,黑❸接;白④仍可长压,黑❺扳,白⑥再
接,黑❼紧气不可省。黑⓯是为补掉白A位征子,以下双方几乎是步步不能错,
其中白⓲顶的紧气手筋初学者不可不知。至白㉖先抛劫再28位打成为先手
劫。此劫黑重白轻,所以是白有利的局面。

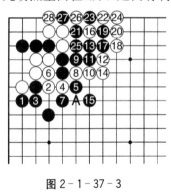

图2－1－37－3

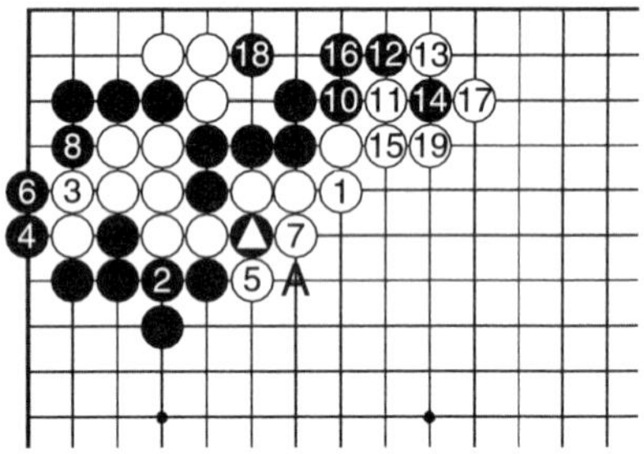

图2－1－37－4

⑨=△

4. 变化图

图2－1－37－4,黑棋尽管征子不利在白①(图2－1－37－3中的白
⑭)接时黑❷不在A位补而紧白气,白⑤打,黑❻渡过,其中白③是先手便宜不
可不要。白⑨接上后黑⓾ ⓬连扳也是好手筋,至黑⓲黑吃下上边白棋三子和角
上一共得到约20多目实地,但白雄厚的外势不比黑实利差,应是白稍好的
局面。

小结：

对于白棋的尖顶,黑棋应向角里长才是正确态度,不能示弱。虽说变化稍有复杂,但不管怎么变化,白棋均不能满意。所以不要轻易使用,以上仅举数例以供初学者参考。

三十八、二间高夹二间反夹应

图2-1-38,黑❸二间高夹时,白④大飞对小目一子进行二间高夹也是一法,但对征子要心中有数,因为黑A位压后白棋挖时有征子存在。

以后黑大约有A位压和B位尖出两个应法。

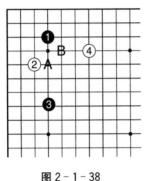

图2-1-38

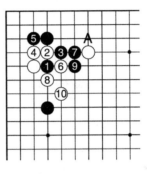

图2-1-38-1

1. 定式

图2-1-38-1,黑❶压,白②挖,黑❸在右边打,白④接后,黑❺挡角是要点,千万不可省,黑❾曲后白⑩虎,以后在适当的时机A位立下很大,黑如A位扳补一手则成为后手。结果仍可算两分。

如果黑征子有利,黑❸则于4位打,白3位长,黑5位接上,白不能征吃黑❶一子,白将崩溃!

2. 场合定式

图2-38-2,白③接时,黑❹不在5位挡而接上,是右边有黑棋势力时下法,白⑤挡角太弱,黑❻虎,好手!白⑦立下,由于右边有黑棋势力,白◎一子不好处理,黑好!

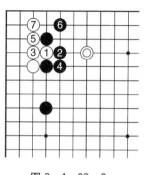

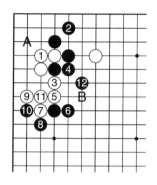

图 2－1－38－2　　　　　　　图 2－1－38－3

3. 定式

图 2－1－38－3,白①接时,黑❷到上面虎也是一法。白③打,虽有些笨拙,但很实在,以下至黑⓬尖后黑有 A 位跳下的大官子,白也有 B 位靠出的强硬手段,但目前局部尚属两分。

4. 变化图

图 2－1－38－4 白③碰时,黑❹不在 8 位长而扳,白⑤扳,至白⑨虎,黑得外势和先手加上 A 位的大官子,白棋有了相当实利和出头,应该是双方可以接受的结果。

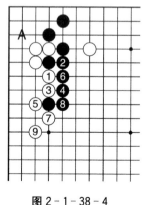

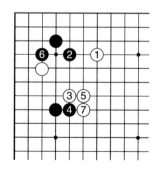

图 2－1－38－4　　　　　　　图 2－1－38－5

5. 定式

图 2－1－38－5,白①二间反夹时,黑❷也有小尖应的,白③象步飞出,

肩冲下面一子黑棋,黑❹先长一手,逼白⑤长,再黑❻尖顶守角,白⑦不可不曲。这是白棋轻快的处理方法,也可看做一个定式,结果要看双方周围配置才能定其优劣。

小结:

对于黑二间高夹时白棋反过来二间高夹黑小目一子,应法不多,要注意征子,结果一般多为两分。

三十九、二间高夹一间反夹应及其他

图 2-1-39,黑❸二间高夹时白④到右边隔一路反夹黑❶一子,一般是右边有较厚势力时所采用。此型要注意黑 A 位靠时白棋如 B 位挖,黑 C、白 D、黑 E 位接后,白④一子受伤。

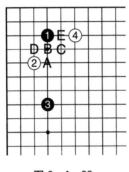

图 2-1-39

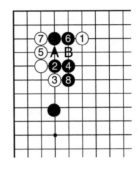

图 2-1-39-1

1. 定式

图 2-1-39-1,白①夹,黑❷压,白③扳是正应,黑❹退,白⑤长,由于有白①一子黑不能 7 位挡,黑❻双,白⑦进角,黑❽曲,局部两分。

2. 定式

图 2-1-39-2,黑❶(图 2-1-39-1 中的黑❷)压时,白②不扳而向角里长入,对应至黑⑪接,其中白⑥忙里偷闲在右边落子是为了配合右边白棋。结果白角虽小,但在外面能下到两手棋不算亏,而黑外势也很雄厚,可算两分。

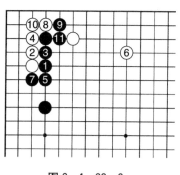

图 2-1-39-2

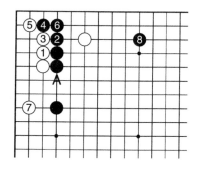

图 2-1-39-3

3. 定式

图 2-1-39-3,白④(图 2-1-39-2 中的白③)长时,黑❹不在 A 位长,而抢到角上❹❻扳粘,白⑦不能不飞,黑即先手到 8 位夹击白一子。但以后白有 A 位扳出的手段。

4. 定式

图 2-1-39-4,黑❶靠,白②挖,黑❸打,白④接是常形,黑❺虎是好手,白⑥长是老实的本手,黑❼尖封,白⑧跳下补活实利不小,黑得外势和先手,但黑要注意白 A 位靠出的手段。

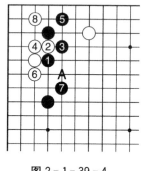

图 2-1-39-4

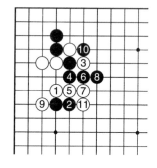

图 2-1-39-5

5. 定式

图 2-1-39-5,白①碰时黑❷改为下面一子向外长,白③打是常用的弃子手段,黑❹长出时白⑤⑦顺势长出,白⑨下扳正确。黑❿要补一手,白⑪曲是好手,仍为两分。

110

6. 定式

图２－１－39－6,白①碰时,黑❷又改为向下长,白③必然挺出,黑❹仍要回到上面打,白⑤扳。结果和图２－１－39－8大同小异,仍是两分。

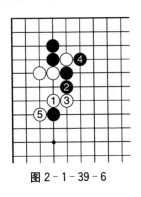

图２－１－39－6

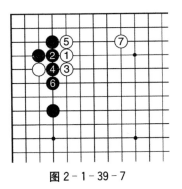

图２－１－39－7

7. 定式

图２－１－39－7,白①飞压也是一策,黑❷团是所谓"空三角"愚形,但在此却是好手,白③只有长,黑❹ ❻冲出,角上得到不少实利,白⑦拆边也可满意。白③如在４位挡,黑即３位断作战,白不利。

小结:黑棋二间高夹白棋一间反夹比较激烈,主要是白棋要配合右边形势。至于其他下法变化并不复杂。

总结:以上大致介绍了小目白小飞挂的几类定式及其变化。一间低挂是对小目的基本挂法,现在多以二间高夹为主。变化较多,要求熟练掌握。

第二节　一间高挂

图２－２,白②对黑❶隔一路在四线上挂,称为一间高挂,简称高挂。

因为此小飞挂高一线,所以高挂是以取势为主,实利和生根方面则稍亏一点。但在重视势力和速度的现代布局中则多被采用。

黑棋有 A 位托、B 位压、C 位小飞、D 位一间低夹、E 位二间高夹和脱先等应法。

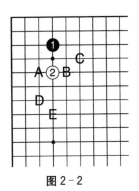

图 2－2

111

一、下托应

图2-2-1,对于白②的一间高挂,黑❸下托是重视角上实利的下法,白棋有 A 位扳和 B 位顶的两处应法。

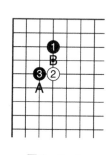

图2-2-1

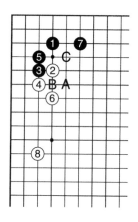

图2-2-1-1

1. 定式

图2-2-1-1,黑❸托,白④扳,黑❺退,白⑥虎,黑❼跳,白⑧拆。这是一个典型的两分定式。一般是在下面有黑子或黑为无忧角时所采用。以前有黑❼先在 A 位刺等白 B 位接后再 C 位尖的,但现在已不多见了,因为此法把白棋走实,失去变化。

2. 定式

图2-2-1-2,白④(图2-2-1-1中的白⑥)不虎而改为粘,是因为下面黑棋比较坚实而采用的下法,黑❺跳,也有 A 位尖以配合右边形势的,白⑥拆,两分。

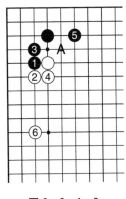

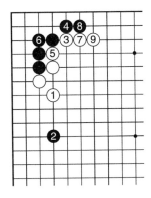

图 2-2-1-2

图 2-2-1-3

3. 参考图

图 2-2-1-3,黑❷高夹,白③靠下时黑❹在二线扳,软弱! 白⑤马上挤一手,逼黑❻接,至白⑨长,白棋外势整齐雄厚,黑角部所获不能与之相比。关键是当初黑❷一子已失去原来夹的意义了!

4. 参考图

图 2-2-1-4,黑❶(图 2-2-1-2 中的黑❸)退时,白②向中间大飞,这是白棋为配合外部形势而采用的特殊下法。下面近处不能有白子,如有黑即 A 位扳,白 B,黑 C,白 D 后白棋可能重复。以下黑❸拆二也是稳健之着,以静待动!

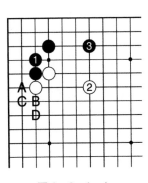

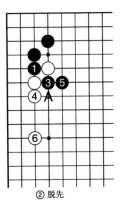

②脱先

图 2-2-1-4

图 2-2-1-5

113

5. 定式

图２－２－１－５,黑❶退时白②脱先,黑❸断是必然一手,白④退正确!不可在 A 位打,因为打后黑❺长后白仍要 4 位接,黑❺上挺,白⑥拆二,这也是一个脱先定式。虽然白被断下一子,但多少也有一点利用价值,再加上脱手的一手棋,所以还算两分。

6. 定式

图２－２－１－12,白④扳时黑❺立下也是一种重视实利的下法,白⑥接后黑❼顶。以后大约白 A、黑B 是常见下法。如下边有一定的白棋势力白也可 C 位挡下。黑角上尚有一点余味,如 D 位点方之类。黑❼顶时白也有到下面拆三的。

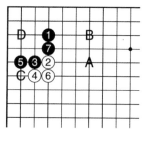

图 2-2-1-6

7. 定式

图２－２－１－7,当黑❸(图２－２－１－6 中的黑❺)下立时白④不在 A 位粘而是上挺,黑❺飞应,白⑥挡下后黑❼顶,白⑧拆二,结果是两分,但白棋的 A 位断头总是一种负担,时刻要注意这个缺陷。

小结:

黑棋下托定式多简明,角上实利多为黑棋所得,至于黑棋夹击稍复杂一点,所以不是在黑棋夹击后有相当收获不宜使用。

二、小雪崩型

图２－２－2,当黑❸托时白④顶,黑❺挡。这种下法一般是白亏,但因为在角上,就可产生出许多变化来,是可以这样下的。白⑥扳后这个形状被称为"雪崩型"。黑棋有 A 位扳、B 位长的反击下法,也有 C 位接、D 位立、E 位扳等应手。

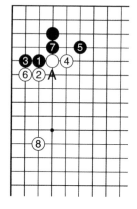

图 2-2-1-7

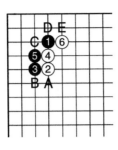

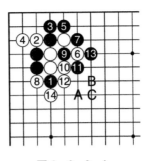

图 2 - 2 - 2 - 2　　　　　　　图 2 - 2 - 2 - 1

1. 定式

图 2 - 2 - 2 - 1, 黑❶在两子头上扳, 即是所谓"小雪崩", 此型次序很重要。白②打, 黑❸立后白④也立下去, 黑❺曲, 白⑥虎很有必要。黑❼打, 白⑧再断。至白⑩双方各提一子成为转换, 可算两分。也有人认为黑稍亏。但黑得先手可相抵。以后适当时机黑 A 位跳和白 B 位跳或 C 位飞是双方扩张的要点。

其中白⑥如直接在 8 位断, 则黑即在 10 位征吃白子。白⑫也不可反提黑❾一子, 如提则黑下 12 位将全歼白棋。

以上是一个典型的"小雪崩"定式。

2. 参考图

图 2 - 2 - 2 - 2, 当黑❶(图 2 - 2 - 2 - 1 中的黑⑬)提时, 白②不提黑子而脱先也是有的, 于是黑❸长出, 白④压, 黑❺打一手后再黑❼扳, 白⑧只有曲出, 以下至黑⑬挡下, 黑先手筑起一道厚势, 当然黑好。所以白棋脱先时对这个结果一定要有所准备, 否则黑占大便宜。如白棋准备充分, 加上脱先一手棋, 结果还算两分的。

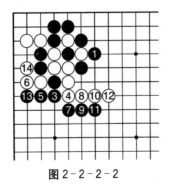

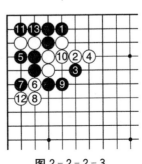

图 2 - 2 - 2 - 2　　　　　　　图 2 - 2 - 2 - 3

3. 参考图(战斗)

图2-2-2-3,黑❶(图2-2-2-1中的黑❺)曲,白②虎时黑❸在外势的配合下靠是一手好棋。白④必长,黑❺曲下,白⑥断,黑❼打一手,白⑧必长黑❾退,白⑩防扑,至黑⓭吃去角部白棋两子,白被分成两处,必有一边将受到攻击。如白棋两边均能安定,则中间三子黑棋显得虚弱,以后要看战斗中双方各自的处理了,这种下法必然会形成激战,没有相当把握,黑棋是不宜这样下的。

4. 定式

图2-2-2-4,黑❶曲时,白子征子有利时白②可以长,黑❸长,白④补方,黑❺只有紧角上两子白棋补气,至白⑫抢到先手在外面压,黑⓯先在左边跳,逼白⑯跳后再黑⓱飞出。最后结果要看中间黑子的作战了,但总是浮棋容易受到攻击。

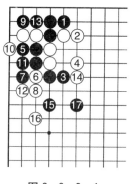

图2-2-2-4

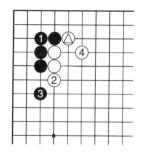

图2-2-2-5

5. 定式

图2-2-2-5,白△扳时,黑❶接上,简明!免去雪崩复杂的下法,白②先长一手,此处不能再让黑扳,黑❸跳,白④虎补。黑白各有所得,两分!

小结:

小雪崩形现在下的人渐少,因为一般认为黑稍亏。至于黑接上的简明下法,不失为避免复杂变化的一种方法。

三、大雪崩型

图２－２－３，当白⑥扳时黑❼不在 8 位扳,而在三线长。白⑧压时黑❾扳起,这就是有名的"大雪崩"型。其变化极其复杂,初学者慎用。

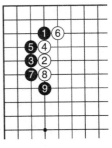

图 2-2-3

1. 定式

图２－２－３－１,黑❼(图２－２－３中的黑❾)扳,白⑧到上面打,黑❾立下,白⑩也立,以下黑⓭长,⓯打,⓱扳是这个定式的关键之着。以后也有不做黑㉓、白㉔交换的,以便以后可能有 23 位和 A 位挡的选择。至黑㉕,白得实利,黑得外势,两分。

这一过程是大雪崩最早的一型,以后各种变化基本上都是在这个基础上产生出来的。

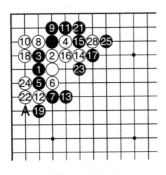

图 2-2-3-1

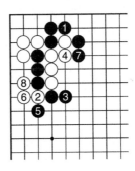

图 2-2-3-2

2. 变化图

图２－２－３－２,黑❸(图２－２－３－１中的黑⓭)挺出时,白④没有在 A 位虎而是粘上,至白⑧,和图２－２－２－３－１的区别是黑棋外势稍差一些,但白落了后手,所以仍为两分局面。

3. 变化图

图２－２－３－３,黑⑩(图２－２－３－１中的黑⑲)不在 11 位打,而改为左边打,是不愿放弃左边三子的下法,白⑪长,黑⑫长时白⑬先到上面打,黑⑭接,白⑮虎,黑⑯必补。至白⑲,变成了黑得实利,白得外势。虽说是两分,但黑

⑩和黑❹一手棋有些矛盾。黑❹向外拐本是为取外势,现在变成了取角实地。

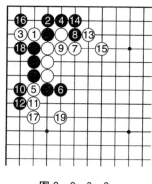

图 2－2－3－3

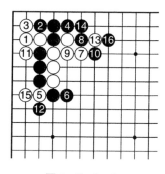

图 2－2－3－4

4. 定式

图 2－2－3－4,黑❷(图 2－2－3－1 中的黑⓫)不向外拐,而改为向里拐,这是吴清源大师 20 世纪 50 年代所创的新手。此手出现后几乎没有人再下大雪崩了,因为普遍认为白亏两目棋。但现在又出现了很多变化,所以现在大雪崩又流行了。

白③曲,黑④再向外曲。白⑤仍然断,以后对应至黑⑯,双方暂时告一段落。

5. 定式

图 2－2－3－5,黑⓫向里曲时,白⑫不先挡,而先在下面断,等黑⓭打时白再 14 位挡,黑⓯外曲时白⑯立下,次序井然。黑⓱挡,白⑱当然曲出,至白㉚,是一个大型雪崩定式。过程中每个次序都是手筋,值得初学者玩味和体会。白㉘又可 A 位立下或 30 位跳,白㉚也可 B 位跳。

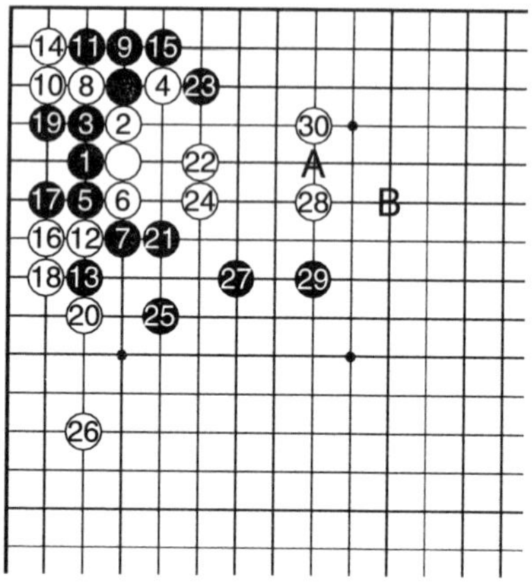

6. 定式

图 2－2－3－6,当白子征子有利时黑

图 2－2－3－5

❶(图 2－2－3－5 中的黑⓳)曲时,白棋不在 5 位打,而是到上面 2 位长出,黑❸挺起,白④补方,黑❺到下面长,白⑥立下,黑❼吃白三子,白⑧也到上面吃黑四子,形成转换,白外势不错,黑得先手,是两分!

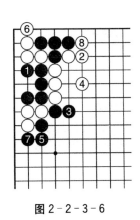

图 2-2-3-6

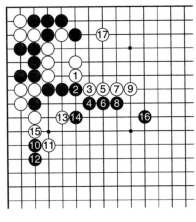

图 2-2-3-7

7. 定式

图 2-2-3-7,白①(图 2-2-2-5 中的白㉔)并,黑棋不在 13 位跳,而是在 2 位压出,白③扳,黑❹扳至白⑨长时,黑❿转到下面逼,好手! 黑⓮顺白⑬跳起的机会虎。至白⑰,双方均可下,也是大雪崩一型。

8. 定式

图 2-2-3-8,白①并时黑❷到上边飞出是决定放弃▲三子。白③跳,黑❹也跳出,这样白得下面外势和先手,黑也不错,是简明的两分局面,初学者宜用。

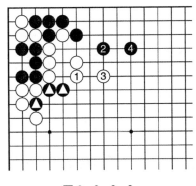

图 2-2-3-8

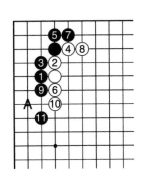

图 2-2-3-9

9. 定式

图 2－2－3－9,白④扳时,黑❺在上面立下,现在已不多见。但不失为一个简明下法。白⑥长,黑❼先在上面曲一手再于 9 位长,白⑩长,黑⓫跳,结果应是两分。黑也有 A 位飞者,但处于低位。

10. 定式

图 2－2－3－10,白①扳时黑❷虎也是很有趣,白③长,黑❹先扳一手等白⑤长后再 6 位跳。两分。

白适当时机在 A 位曲下,大极!

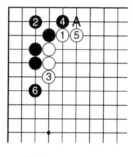

图 2－2－3－10

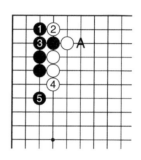

图 2－2－3－11

11. 定式

图 2－2－3－11,黑❶虎时白②先打一手后再白④长,黑❺跳出,白一般都脱先,仍为两分。

初学者应知道在适当时机黑 A 位夹是攻击要点。

小结:

大雪崩的变化极其复杂,至今仍不断有新手出现,但多未定型,而且战斗激烈,初学者尽量避免使用。以上只是介绍了几种常见基本型,使初学者了解一个大概。

四、外靠应

图 2－2－4,白②高挂时,黑❸在外面靠是重视右边外势的下法,不甘心屈服于低位,主要是配合右边黑子配置,白棋有 A 位扳、B 位长和 C 位托角的应法。

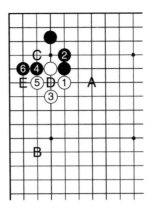

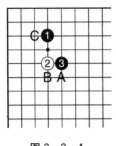

图 2-2-4 图 2-2-4-1

1. 定式

图 2-2-4-1,白①扳,黑❷退,白③虎,正确!黑❹夹,白⑤鼓,黑❻立下,也是正应。以后白可根据全局形势在 A、B 两处先抢一处,甚至脱先他投。

黑❻立后,在适当时机白有 C 位扳下做劫的手段,但不是轻易可开劫的。黑❻如在 C 位退则嫌弱。

另外,白③如在 D 位接,黑即在 C 位小尖,以后有 E 位飞,白将失去根据地而成为浮棋。

2. 定式

图 2-2-4-2,白④虎时,黑❺ ❼连扳是强硬手段,为的是扩张右边势力。白⑧先在右边打一手再白⑩长。至白⑭虎补断,明显两分。白⑭也有 A 位长出的,但留有 B 位断头。

3. 参考图

图 2-2-4-3,白①(图 2-2-4-2 中的白⑫)扳,黑❷断,白③虚枷是好手,黑❹只有到右边补

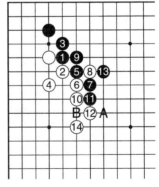

图 2-2-4-2

一手,白⑤吃黑一子,干净!黑❹如 5 位长,则白 A 位压后 B、C 两处必得一处。

121

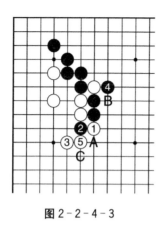

图 2-2-4-3 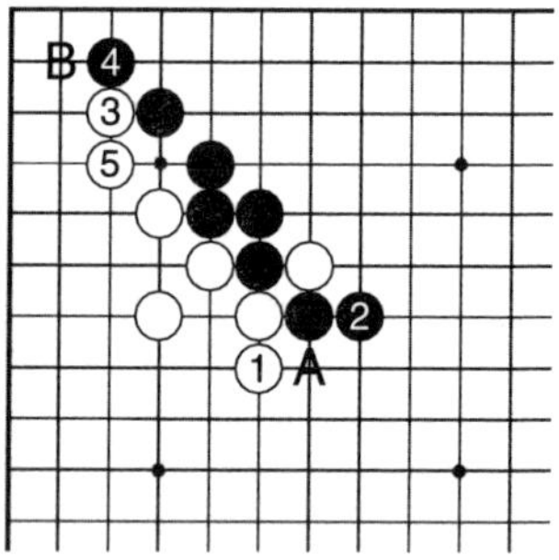   图 2-2-4-4

4. 定式

图 2-2-4-4,白①(图 2-2-4-2 中的白⑩)长时,黑❷不在 A 位压,而向右边长,白③立即托角,黑❹只有外扳,白⑤退得到不少利益,这是黑❷软弱所致。以后 B 位官子,大极!

5. 定式

图 2-2-4-5,白②(图 2-2-4-2 中的白⑥)扳时,黑❸只是老实地长,白④压,黑❺仍然长,很实惠地取得了上面的实地。以后白如下面原有势力可脱先,如无,则应拆边。这是黑棋稳健的下法,初学者宜采取。

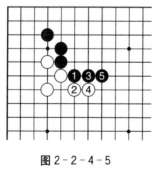
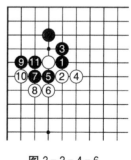

图 2-2-4-5   图 2-2-4-6

6. 定式

图 2-2-4-6,当黑❸退时,白④不在 6 位虎而向右边长出,是为了争先手,或对下面黑棋孤子进行攻击,或在下面有力子配置构成大形势,否则实利

122

有点亏。黑❺当然断,白⑥ ⑧打、长。黑❾尖是手筋,初学者应学会。

7. 定式(黑好)

图 2－2－4－7,当白①扳时黑❷向右边长也是一种应法。白③顶,黑❹退是常形。白⑤虎时,黑❻先点一手再黑❽角上立下是次序。结果黑得实利不小,白棋尚未安定,明显黑好!

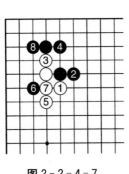

图 2-2-4-7

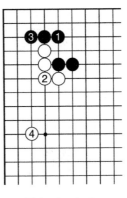

图 2-2-4-8

8. 定式

图 2－2－4－8,黑❶退时,白②接牢,此手不多见,但不失为稳健的一着。黑❸仍然立下,大极!白④拆,也是两分局面。

9. 定式

图 2－2－4－9,黑❸向右边长时,白④虎,太软弱!黑❺顶,白⑥立下,虽然简明,但黑稍好一些。以后黑 A 位跳下、白 B 位小飞是大官子,一旦有机会不可放过。

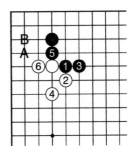

图 2-2-4-9

10. 定式

图 2－2－4－10,黑❶靠,白②接以求简明,黑❸顶,白④曲,黑❺长后白⑥拆边,勉强两分。

123

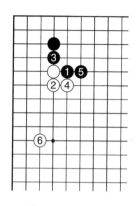

图 2-2-4-10

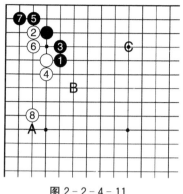

图 2-2-4-11

11. 定式

图 2-2-4-11,黑❸退时,白④长出,黑❺扳角,白⑥退后黑❼是重视角部实利的下法,白⑧拆是正应,如贪心在 A 位拆,黑立即在 B 位飞起,白要补一手,黑可 C 位拆。其中黑❼也有 C 位拆的,两分。

12. 定式

图 2-2-4-12 白①托角时黑❷到下面扳住是因为下面有黑子势力,白③顶,黑④当然挡住,白⑤打,黑❻多弃一子是常识。白⑦挡时黑❽点,好手! 白⑨打是正应,至⑫扑入,白⑬拆边,正确。白如脱先黑 A 位可封住白棋。以后白有 A 位打的大官子。这是一个典型定式。

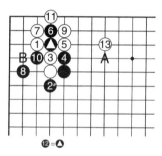

⑫=▲

图 2-2-4-12

小结:

黑棋外靠为取势,白棋有扳和托两种下法,都要看外围情况而定,尤其托时变化较复杂,双方均要小心应对。

五、小飞应

图 2-2-5,白②高挂时,黑❸小飞应是重视右边的稳健下法。白棋以 A 位托应为多。另外黑❸也有 B 位拆一的,现并入此型一起介绍。

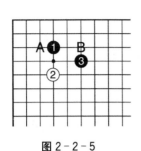

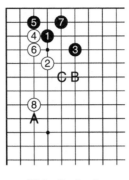

图 2 - 2 - 5　　　　　　　　　　图 2 - 2 - 5 - 1

1. 定式

图 2 - 2 - 5 - 1,黑❸飞时白④托角,黑❺扳,白⑥退,黑❼虎,白⑧拆,这是一个典型两分定式。黑棋虽然较重,但很坚实,又得先手,白棋也得到相当实地,应该说双方满意。白⑧也有 A 位拆的,但黑 B 和 C 位以后白要补上一手。所以一般只拆到 8 位。

2. 定式

图 2 - 2 - 5 - 2,白③(图 2 - 2 - 5 - 1 中的白⑥)退时,黑❹不虎而在角上立下,是重视实利的下法。此时白⑤应拆宽一路,黑❻拆,或 A 位跳,如脱先则白 B 位逼后有 C 位夹的手段。所以黑❻如要脱先必须有所准备。

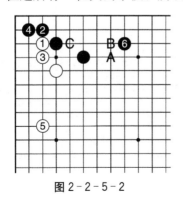

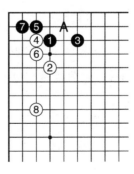

图 2 - 2 - 5 - 2　　　　　　　图 2 - 2 - 5 - 3

3. 定式

图2-2-5-3,白②高挂时黑❸也有拆一的稳健下法,白④托,黑❺扳,白⑥退时黑❼一定是立下,如A位虎大亏!白⑧拆后黑虽低位但取得先手也不算坏,只要和外面配置呼应得当,不失为一种稳健下法。

4. 定式

图2-2-5-4,白①(图2-2-5-3中的白④)托,由于黑▲一子坚实,黑❷可以在下面扳,白③断,黑❹打是弃子,至白⑬,白角已净活,白中间仅一块棋,较好处理。黑棋两面均有一定外势,可算两分。

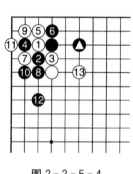

图2-2-5-4

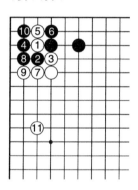

图2-2-5-5

5. 定式(黑稍好)

图2-2-5-5,白棋如觉得图2-2-5-4中间数子不好处理,白⑦可改在外面打,黑❽接后白⑨拦下,黑❿吃角上两子,白⑪拆。黑实利要好一些,勉强两分。

小结:

对于用小飞或单关对付一间多挂,是简明下法,但稍亏一点,黑棋要有思想准备。

6. 定式

图2-2-5-6,白①高挂时黑❷顶,是在此形中的一种奇特的下法,白

③上挺,黑❹下扳是重视角地的下法,白⑤ ⑦后,黑❽不可不补,如不补,则白A位点后再B位飞下,黑苦! 白⑨后是两分局面。

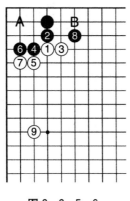

图 2-2-5-6

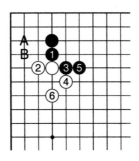

图 2-2-5-7

7. 定式

图２－２－５－７,黑❶顶,白②下立,在右边有势力时可以这样下,黑❸扳有力! 白④扳,黑❺上挺,白⑥虎,为双方正常对应,应是白稍亏。但白右边原有势力,勉强两分。以后白A位飞和B位跳下是大官子。

六、一间低夹托角应

图２－２－６,白②高挂,黑❸隔一路在三线夹击白②叫做一间低夹,是积极态度,是不让白棋在下面开拆,可导致复杂变化。

白④托角是想早些定形的下法。黑在A位内扳变化多样,B位外扳则简明,C位顶是求变的趣向下法。

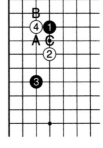

图 2-2-6

1. 定式

图２－２－６－１,白①托,黑❷内扳,白③必断,黑❹退回,白⑤挖,黑❻打,白⑦到上面打,黑❽、白⑨各提对方一子,这是简明下法,典型的两分定式,也有人认为黑稍亏,但得到先手也应满意。

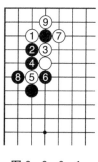

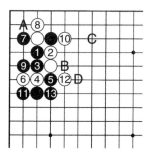

图2-2-6-1   图2-2-6-2

2. 定式

图2-2-6-2,这是一个典型定式,在高手对局中屡见不鲜。黑❺(图2-2-6-1中的黑❻)打时白⑥立下,黑❼先打角上一子再9位挡是次序。白⑩先打上面一子,等黑⓫打时再白⑫打。至黑⓭,白得先手,局部黑得实利大,但多花了一手棋,所以是两分局面。

白⑩、⑫两子次序不可错,如先在12位打,黑13位接后再10位打,黑不会再下11位,而是脱先了。

以后A位是黑棋先手大官子,在恰当时机可以下掉。

以后黑棋还有B位断、C位逼、D位夹等袭击白棋手段。

3. 定式

图2-2-6-3,白子征子有利时,黑❶(图2-2-6-2中的黑❾)挡时,白②可以曲,黑❸因征子不利而到上面长,白④跳,手筋! 黑❺不能不立下,如被白在此处曲黑将被吃,白⑥后黑❼冲,至白⑫黑棋得实利,白棋厚实加上先手和黑棋留下的几个大劫材,也应满足,故为两分。以后C位为双方必争之点。

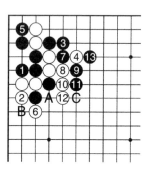

图2-2-6-3

白②曲时黑如A位接后,则可B位扳和7位征吃,两子白棋必然得一处。这就是白棋要有所准备的原因。

4. 定式

图２－２－６－４,当白①(图２－２－６－１中的白⑤)挖时,黑❷在左边打,是重视实地的下法,其中白③先到上面打再白⑤接上是次序。黑❻曲补断头是愚形好手。至白⑪拆,白很舒展,黑棋虽低一点,但实利不小,又得先手,两分!

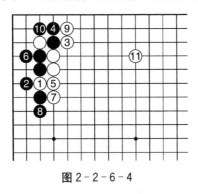

图２－２－６－４ 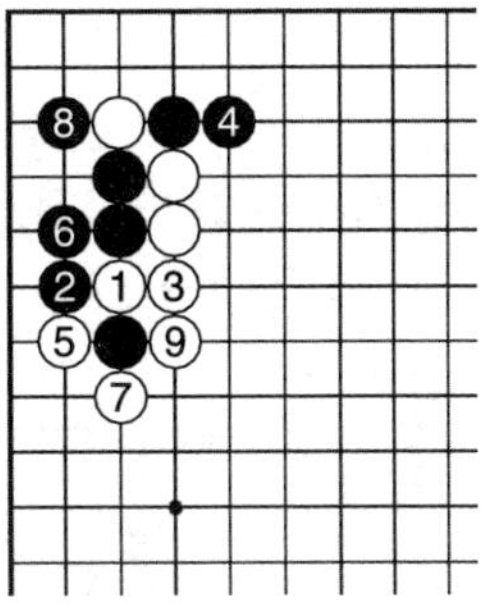　　　　　　　图２－２－６－５

5. 参考图

图２－２－６－５,黑❷打时,白③不先在上面打而直接接上,次序失误!黑❹抓住时机长出,白⑤断,黑❻接上,白⑦只有征黑一子,黑❽在角上打吃,白⑨提子,实利大损,而且是后手。除非下面有相当白棋势力配合,否则大亏!

6. 定式

图２－２－６－６,白①打,黑❷长,白③应弃角在下面打,黑❹曲,白⑤穿下后再白⑦虎,黑❽仍要吃角上两子,白⑨拆边,结果白棋较好!

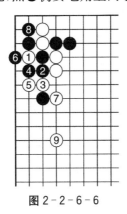

图２－２－６－６

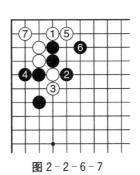

图２－２－６－７

7. 定式

⚫ 2－2－6－7,白①扳,黑❷打,白③长后黑❹立,好棋! 白⑤长,黑❻跳后白⑦补活,以后双方均要看外面各自配合而定优劣。

8. 定式

图 2－2－6－8 白①托时,黑❷在上面扳也是常见之着,白③退,黑❹虎以下均为正常对应。白⑦飞压后,白⑪曲正确。以后在适当时机,A、B 两处黑可选择一处,应是两分。

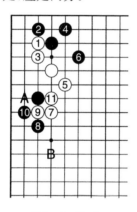

图 2-2-6-8

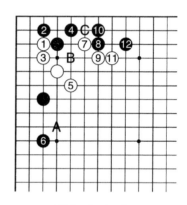

图 2-2-6-9

9. 定式

图 2－2－6－9,白⑤尖时黑❻不在上面飞而到下面拆二,白⑦点是要点,因下面有白⑤,所以黑 B 位尖不行。黑❽靠是手筋,千万不可 C 位爬。白⑨扳,黑❿立下,白⑪长,黑⓬跳,黑处于低位,白可满意。

10. 定式

⚫ 2－2－6－10,黑❷(图 2－2－6－9 中的黑❽)碰时白③立下强行阻渡。黑❹夹,好手! 白⑤扳必要,不能 7 位立,以下至白⑪提劫,此劫白重黑轻,即使"开局无劫",黑能在外面连下两手棋,加上黑❷至❿的小外势,黑也可满足,如黑有大劫材则白不宜用此型。

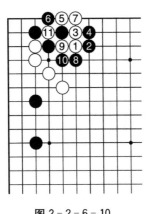

图 2-2-6-10

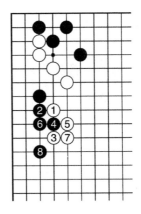

图 2-2-6-11

11. 定式

图 2-2-6-11,白①(图 2-2-6-8 中的白⑦)飞压时黑❷不跳而长是少见的下法,至黑❽跳是常见的对应,可视为两分。

小结:

黑以一间低夹对付白一间高夹,白棋以托角为主要应手,黑棋外扳变化简明,而内扳则较复杂,更要注意征子。

七、一间低夹小尖应

图 2-2-7,黑❸夹时,白④小尖应也是常用手段,目的是阻止黑❶❸两子的联络,是较稳健的下法,正所谓"尖无恶手"。

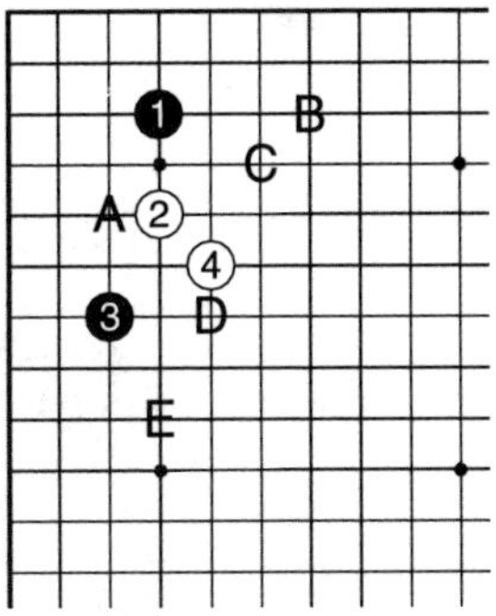

1. 定式

图 2-2-7-1,白(图 2-2-7 中的白④)①尖时黑❷仍托,一般黑棋是不宜这样下的,但有相当配置时也可下,白③扳,黑❹断,白⑤⑦冲下后再白⑨鼓出,至白⑬拆,还是黑棋稍好的局面。

图 2-2-7

131

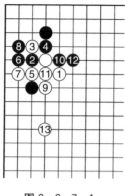

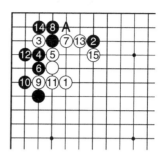

图 2-2-7-1   图 2-2-7-2

2. 定式

图 2-2-7-2,白①尖时,黑❷到上面拆二是稳健下法,白③仍然托,黑❹扳断是必然的一手棋。若在 14 位扳,白则 4 位退,白好！以下至白⑮,两分。

在对应过程中初学者要注意到白⑬的顶,切不可 A 位挡,俗手！如挡则黑❹曲后白无后继手段,且有断头的缺陷。

3. 参考图

图 2-2-7-3,白③托时黑❹在角上外扳,结果黑❷一子位置本应在 A 位,现在太低,不能满意,这是白④一子过于软弱所致。

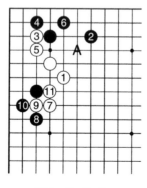

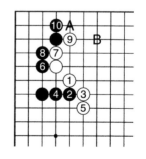

图 2-2-7-3   图 2-2-7-4

4. 定式

图 2-2-7-4,黑❷用靠来对付白①的小尖,是常见的下法。白③是所

谓"软头必扳"。黑❹接是本手,白⑤长出后至黑❿立下是双方正应,黑得实利,白得先手加外势,两分。白棋如要补一手,不能在 A 位挡,而是在 B 位跳才正确,初学者不可不知。

5. 变化图

图２-２-７-５,白棋也有简明应法,当黑❷(图２-２-７-４中的黑❹)接时,白③小尖阻渡,黑❹到下面扳,白⑤虎,黑❻挺起,白⑦进角,是双方均可接受的结果。

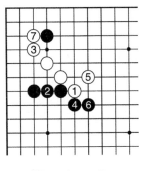

图2-2-7-5

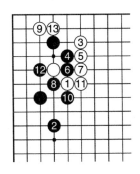

图2-2-7-6

6. 变化图

图２-２-７-６,白①尖时,黑❷在下面小飞应是呼应下面角上黑棋,白③到上面反夹,黑❹尖出,到黑❽断时白⑨点,机敏! 到白⑬退回,应为两分。

小结:黑一间低夹,白棋用小尖应虽然属稳健下法,但大多是从全盘考虑的,关键是要看清行棋方向,否则会吃亏的。

八、一间低夹二路跳应

图２-２-８,黑❸一间低夹时,白④在二路跳下是露骨地阻止黑棋渡过的下法,大多是配合周围形势力战的一种选择。

黑棋大多在 A 位拆二或 B 位小飞应。

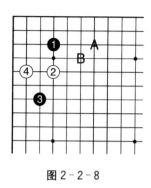

图 2-2-8

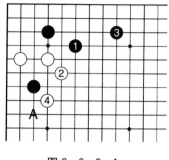

图 2-2-8-1

1. 定式

图 2-2-8-1,黑❶在上面小飞应,白②尖,黑❸拆,白④也飞压下来,正好两分。白④也有 A 位夹者。

2. 定式

图 2-2-8-2,白③(图 2-2-8-1中的白②)尖出时,黑❹在下边小飞应,白⑤到右边先逼一手不可省,等黑❻、白⑦、黑❽交换后再白⑨跨下,黑❿扳出,白⑪断后到⑬打和⑮立下得到安定,黑还要在 A 位补一手,不然白两子活动出来黑尚未净活,结果两分。

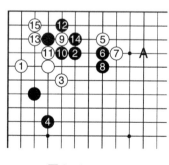

图 2-2-8-2

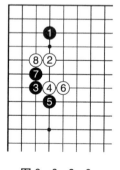

图 2-2-8-3

3. 复原定式

图 2-2-8-3,当黑❸夹时,白④压,黑❺扳起,白⑥上挺,黑❼向内长,白⑧挡。结果还原成小目白小飞挂、黑一间低夹白压靠定式,可参阅前文。

小结:

白棋在二线跳下的目的是分断黑棋两子,是一种挑战的下法,其实变化并不复杂,只要沉着对应,黑棋不会吃亏。

九、一间低夹顶小目应

图2-2-9,黑❶一间低夹时,白②对小目一子顶是一种很特殊的下法,但不是欺着,黑只要沉着对应,也没有什么可怕,应法很简单,不外乎A位外长或B位内长两种。

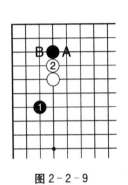

图2-2-9

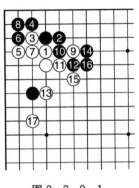

图2-2-9-1

1. 定式

图2-2-9-1,白①顶时,黑❷向外长多是重外势的下法。白③当然扳角,黑❹不可不扳,白⑤虎,黑❻❽打粘,白⑨跳,黑❿冲断,强手! 白⑮打,黑⑯接,白⑰先手到下面关住黑一子,是典型的两分局面。

2. 变化图

图2-2-9-2,当白①(图2-2-9-1中的白⑨)跳时,黑不在A位冲而向外在二线小飞,是不让白棋借劲加强外势,影响到黑▲一子。白③只有罩,黑❹跳出至白⑦曲为双方正应,黑❽拆或A位后压均为黑稍好。

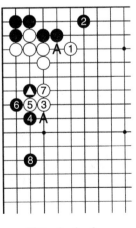

图2-2-9-2

3. 定式

图２－２－９－３,白①顶时黑❷向角里长是重视角上的下法,白③当然外扳,但白如征子不利则不能扳。黑❹飞,白⑤虎补断,黑❻尖起是补 A 位被跨断的可能。结果黑得实利,白得先手,两分!

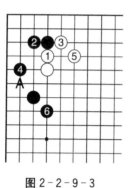

图2-2-9-3

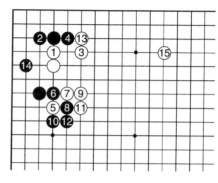

图2-2-9-4

4. 定式

图２－２－９－４,黑❷退时白③征子不利时可以跳,黑❹长时白⑤先到下面罩黑子,经过交换至白⑪打,黑⑫接后再回到上面白⑬挡下,黑⑭渡过,白⑮拆,两分局面。

小结:

白棋顶的下法虽不多见,但初学者不可不知,否则到时不知所措。

十、一间低夹脱先

1. 定式

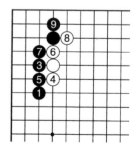

图２－２－１０－１,黑❶一间低夹时白②脱先他投,黑❸托,白④先向下长一手等黑❺接上再 6 位顶,黑❼挡,白⑧扳后黑❾立,白得先手有了一道外势,以后白可根据周围形势或者到右边拆,或者脱先。

图２-２-10-1

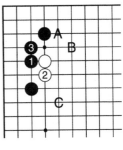

2. **参考图**

图 2 - 2 - 10 - 2, 白②长时(图 2 -

2 - 10 - 1 中的白④)黑❸不接而退, 缓手! 白可再度
脱先, 也可根据外部情况在 A 位靠下 B 位飞封, C 位扩
张等下法, 主动权在白方。

小结:

由于白一间低夹比较紧凑, 一般不宜脱先, 脱先后黑
只要在白棋下面托就不会吃亏。

图 2 - 2 - 10 - 2

十一、一间高夹跳出及托角应

图 2 - 2 - 11, 黑❶对白◎一间高挂隔一路在四线夹, 称为一间高夹。过
于靠近白棋, 同时对白棋压力也相应很大, 白②只能一间跳出, 黑❸也跳, 白④
托角, 黑❺必扳, 白⑥退, 黑❼向角里立下, 大极! 白⑧到下面夹击黑❶一子。
以后黑如 A 位跳, 白即 B 位跳, 应为两分。

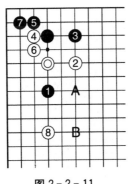

图 2 - 2 - 11

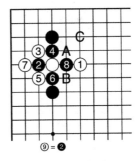

⑨ = ②

图 2 - 2 - 11 - 1

1. **参考图(白好)**

图 2 - 2 - 11 - 1, 白①跳时, 黑❷在下面托, 以图渡过, 是俗手。白③扳,
黑❹断后是常形, 至白⑨粘上后, 黑棋外势不整齐, 白①一子正在黑棋要害上,
以后黑 A 白即 B 位断, 黑 B 白可 C 位跳下, 这样黑棋外势无法转换成实利, 这
种外势是空头支票罢了, 结果当然白好!

2. 定式

图2－2－11－2，黑❶夹时，白②托角一般是重实利的下法，但外面白棋一定要有一定势力时才可下。黑❸顶，白④退回，至黑❾长出后白得角和先手，黑外势不错，局部两分。

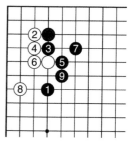

图2－2－11－2

小结：

黑一间夹变化不复杂，白棋不应脱先！

十二、二间高夹托角应

图2－2－12，黑❶隔二路在四线上对白高挂一子夹击，叫做二间高夹，是较严厉的下法，变化较多，也很流行。

白②托角较为简明，黑❸ ❺扳、虎后，白⑥飞压，黑❼退，白⑧也退回，黑❾不能不跳，白⑩反夹黑❶一子，局部白稍好！

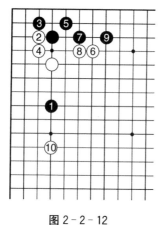

图2－2－12

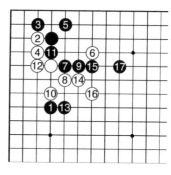

图2－2－12－1

1. 变化图

图2－2－12－1，白⑥飞压时，黑❼靠出反击是强手，白⑧也不让步而扳起，黑❾长，白⑩不得不虎，黑⓫挤正是时机，以下至黑⓱跳，黑好！

2. 定式

图2－2－12－2，黑❶（图2－2－12－1中的黑❼）靠时，白②退，想

在 A 位扳出，黑❸挤，白④顶，好手！仍可 A 位断
滚打黑棋，或 B 位跳出封锁黑棋，所以黑❺不得不
跳出。

至白⑧打，形成转换，两不吃亏，典型两分。

小结：

白棋在角上托来对付黑棋的二间高夹，结果都不
爽，所以一般是不愿意这样下的。

十三、二间高夹外靠应

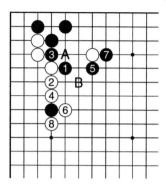

图 2 - 2 - 12 - 2

图 2 - 2 - 13，黑❶二间高夹时，白②在黑小
目一子外面靠下，变化较复杂，而且和征子有关。

黑❸在二线扳，白④退，黑❺长出，白⑥夹时黑❼接是以退为进的好手，白
⑧当然退回，黑❾飞出，白⑩也要飞出，好！不能经过白 A、黑 B、白 C、黑 D 的交
换再 10 位飞出，那反而帮黑走实。结果白棋取得了根据地和先手，黑得实利，
双方可下。

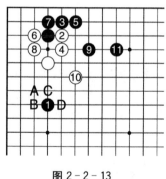

图 2 - 2 - 13

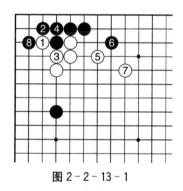

图 2 - 2 - 13 - 1

1. **定式**

图 2 - 2 - 13 - 1，白①（图 2 - 2 - 13 中的白⑥）夹，黑❷扳虎，白③打
后再白⑤跳出，黑❻飞出，白⑦也飞，黑❽打，黑获利大。

结果有人认为白棋步调轻快，白好！也有人认为黑棋实惠。其实都要看各
自外部的配合才能定其优劣。

2. **定式**

图 2 - 2 - 13 - 2，白③退时，黑❹扳起在这个配置下不是好棋，和征子有

关。若白征子不利,白⑤只有在外面断,至白⑨是常形,虽说理论上局部两分,但黑▲一子太靠近白棋厚势了,不利!

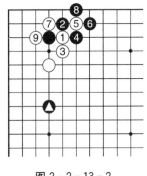

图 2 - 2 - 13 - 2

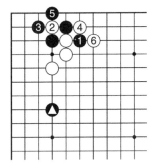

图 2 - 2 - 13 - 3

3. 定式

图 2 - 2 - 13 - 3,当白子征子有利时,白②(图 2 - 2 - 13 - 2 中的白⑤)可在里面断,至白⑥征吃黑❶一子。与上图同样理由:黑▲一子太靠近白棋厚势,黑还有引征之利。所以黑❶扳起在二间高夹中不宜使用。

4. 定式

图 2 - 2 - 13 - 4,由于黑子征子有利,在黑❸断时,白④先到上面扳角。黑❼只有在三线打,白⑧长,黑❾长时白⑩是必要的次序,这就造成白⑫以后黑⑬必须补一手以防白在 A 位断。白⑭后,实利、外势各归其主,局部两分,但黑得先手,稍有利。

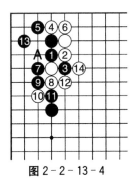

图 2 - 2 - 13 - 4

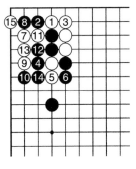

图 2 - 2 - 13 - 5

5. 变化图

图 2－2－13－5,白⑤(图 2－2－13－4 中的白⑧)长时,黑❻不在左面长,改为右边压,不失为有力的一着,白⑦点是妙手,黑❽挡是多弃一子。白⑨为长气,至白⑮吃去黑两子,黑棋外势也整齐,应为两分。

6. 定式

图 2－2－13－6,黑❸不在角上挡直接向下长,白④补角,黑❺又在上面向右长出,白⑥补一手,这样黑得先手,白如不愿落后手就在上面 A 位爬一手,黑 B 位长,白还要在 C 位爬才行。这样只能帮黑棋增加外势,得不偿失。

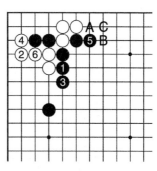

图 2－2－13－6

小结:

白棋外靠变化比较多,双方都要考虑到征子关系,在落子前要有充分的准备。

十四、二间高夹大飞应

图 2－2－14,黑❸二间高夹时,白④向右大飞是有力的下法,现在对局中出现最多的一型,被称作"村正妖刀"。所以又叫"妖刀定式"。其变化较为复杂,要注意征子。

黑❺靠出是正应,冲击白棋大飞的薄味。白⑥扳,黑❼顶是求简明的下法,以下黑❾❿❶得到渡过,实利不小,白提一子得厚势加上先手,应是双方满意。

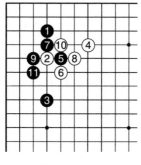

图 2－2－14

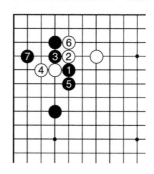

图 2－2－14－1

1. **参考图**

图 2－2－14－1,黑❶靠时,白②到上面扳,黑❸必断,白④下,无理！黑❺长,白⑥挡,黑❼跳下后左边白棋两子已死。

2. **定式**

图 2－2－14－2,黑❶靠,白②在下面扳,黑❸长出,白④顶,黑❺挡住,白⑥扳,黑❼虎是手筋,对应至黑⓭提后白可根据外围情况,或者 A 位一带拆,或者 B 位尖出,应是两分。

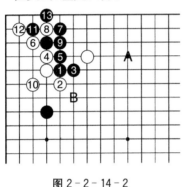

图 2－2－14－2

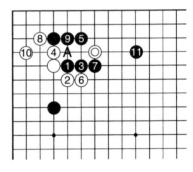

图 2－2－14－3

3. **定式**

图 2－2－14－3,黑❶靠,白②扳,黑❸长,白④顶时,黑❺没有 A 位挡而在 5 位跳,白⑥先压一手,等黑❼长后再白⑧扳角是次序,至此,即是最典型的"妖刀定式"。黑❾接后,白⑩虎是求简明的下法,也有人认为白缓,黑⓫夹击白◎一子,也有脱先的。此型简明,初学者宜选用。

4. **定式**

图 2－2－14－4,黑❷(图 2－2－14－3 中的黑❾)接时,白③立下,态度强硬！黑❹拆边。以后白尚须在 A 位补上一手,是很大的一手棋;黑棋能否在 B 位断和征子有关。

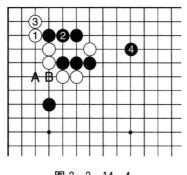

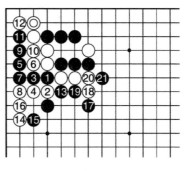

图 2 - 2 - 14 - 4 图 2 - 2 - 14 - 5

5. 参考图

图 2 - 2 - 14 - 5,本图是演示黑在 1 位断后的下法,其中初学者要注意的是:黑❺的尖是手筋,而白⑥打是紧黑棋气的关键一手,白⑭跳是长气的好手。白⑱尖顶是对付黑⑰的手筋。至黑㉑征白子,这就是当时白在◎位立下时要注意的征子是否有利问题。

6. 参考图

图 2 - 2 - 14 - 6,白①(图 2 - 2 - 14 - 7 的白⑥)先到角上扳,再白③压,次序错误!黑棋不再于 15 位长,而马上到 4 位断,黑❽尖时白在 B 位打已不行了,只好 9 位尖应,白⑰长,无奈!黑 A 位扳白角将不活。白如 C 位补活,黑 D 白 A 后黑在 17 位扳起,白也不行,且还有 F 位断头的缺陷,白大亏!

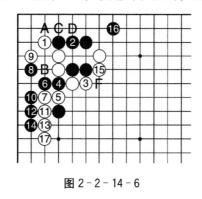

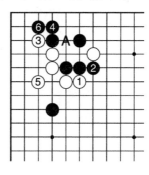

图 2 - 2 - 14 - 6 图 2 - 2 - 14 - 7

7. 变化图

图 2 - 2 - 14 - 7,白①压时,黑❷长,白③扳,黑❹不在 A 位接,而于 4

位立下,也是一法,白⑤虎,黑❻曲,局部两分。

8. 定式

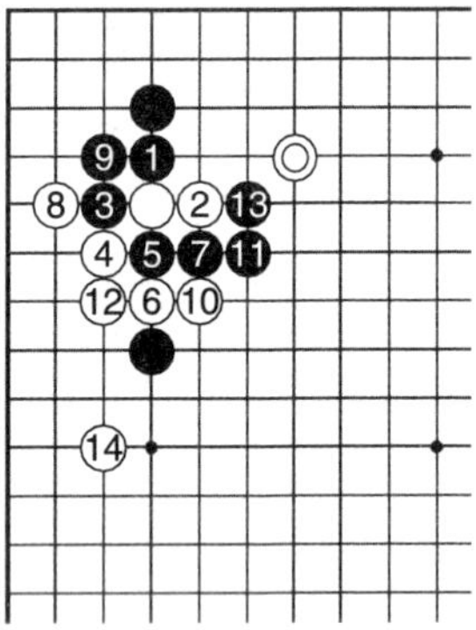

图 2－2－14－8,白◎大飞压时,黑❶顶也是一种有力的下法,白②向右边挺出,正确! 黑❸扳,白也扳,黑❺必断,以下双方正常对应,至白⑭,黑获实利颇大,且有外势,应是白稍亏。

白②如在3位立,被黑2位扳起后白被分开,难以处理。

小结:

白棋用大飞对付黑二间高夹,变化较为复杂,对于各种变化结果的方向、行棋的手筋、双方的弃取等,初学者都要搞清楚。

图 2－2－14－8

总之,对小目二间高夹一般来说都较亏实利,但在外面形势配合下变化很多,只要搞清变化,不是不可下的。而且在布局中为取得大势,这种下法运用得越来越多,现在反而比低挂使用得多了。

十五、二间低挂小飞应

图 2－2－15,对黑❶,白②在隔两路三线上挂称为二间低挂。目的是避免对方在下面有势力时夹击白子的下法,但实利一般稍损。

黑❸小尖保住了角地,白④拆二,双方相安无事。这应是子数最少的一个定式了。白④在下面有子力配合时也可 A 位飞,但对黑棋打入要有所准备才行。

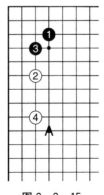

图 2－2－15

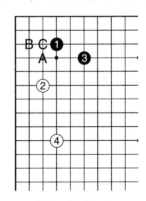

图 2－2－15－1

144

1. 定式

图２－２－15－1,白②大飞挂时,黑❸到上面小飞应也是平稳下法,一般为了配合右边黑子。因为黑❸较远,白④可大飞。以后黑A位尖、白B位大飞、C位托均为大棋。

2. 后续图

图２－２－15－2,当白◎飞起后黑棋脱先,或到右边开拆,白①托角大!黑❷上扳,太弱!白③退后白大得便宜,如黑再A位立,白既得实利又得先手,黑太亏!此图不足取。

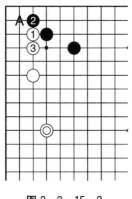

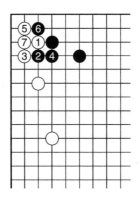

图２-２-15-2　　　　　图２-２-15-3

3. 定式

图２－２－15－3,白①托,黑❷外扳,白③下扳虽嫌弱了一点,经过交换正好是星定式中白点三三的常形,所以也无不可。

也有白⑤不虎而直接在7位接上的,各有优劣。

小结:

黑棋小飞应白二间低挂是稳健下法,但对白托角后各种变化的势力方向要心中有数,对外势和实利的得失要有一个明确的判断。

十六、二间低挂肩侵应

图２－２－16,白棋二间低挂时,黑❶跳出肩侵白子是积极的一种下法,是不以角上利益为重,而重视右边大场的选择。

黑❶肩冲,白②上挺,黑❸挡角稳健而实惠,白④长出,以后黑可 A 位一带化解白棋势力,但如下面原有白棋势力则黑不宜采用此型。

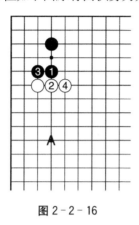

图 2-2-16　　　　　　　　　　图 2-2-16-1

1. 定式

图 2-2-16-1,白①(图 2-2-16 中的白②)上长时黑❷扳,等白③扳应后黑❹再于 4 位挡下,至白⑨长出,结果和图 2-2-16 大同小异,还是要看白子下面的配置说话。

2. 定式

图 2-2-16-2,黑▲肩侵时白①直接飞角,黑❷也径直拆边,白③ ⑤连压两手后也到下面 7 位拆,结果应是两分。但总觉得黑棋缓了一些。

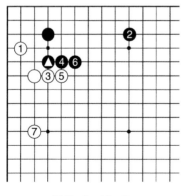

图 2-2-16-2　　　　　　　　　　图 2-2-16-3

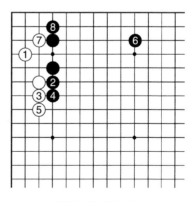

3. 定式

图 2 - 2 - 16 - 3,黑棋在白①飞角时❷❹连压两手,等白③⑤应后黑再6 位拆,白⑦尖顶一手后在角上先手得利,黑棋多用了一手棋,应为两分。这种下法现在很流行。

小结:

黑棋肩侵的目的是扩充右边势力,白棋以飞进角为最简明而轻盈。

十七、二间低挂二间反夹应及其他

图 2 - 2 - 17,白②二间低挂,黑❸到下面四路二间反夹,也有低夹或一间夹的,白多以托角应为主。黑棋只有 5 位扳,如在上面扳,白 5 位退回,黑即亏!白⑥断,黑先在 7 位打后再 9 位打是次序,黑⓫接,白⓬曲,大极!黑⓭反夹积极!白⓮必须尖出头,黑⓯也不能省,至白⓲夹,应为两分,以后黑如 A 位虎白则 B 位立是常识。

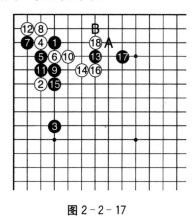

图 2 - 2 - 17

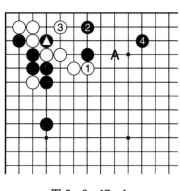

图 2 - 2 - 17 - 1

1. 定式

图 2 - 2 - 17 - 1 白①(图 2 - 2 - 17 中的白⓰)压时,黑❷不在 A 位跳而是跳到二线,白③枷吃黑▲一子,黑❹拆边,仍是两分局面。

2. 定式

图 2 - 2 - 17 - 2,白①二间高挂后,黑❷一间低夹也较常见,白③托角以后和二间高夹对应差不多,黑⓬跳是一种变化,白⓭一定要先冲后再下 15 位,

黑⓰后是两分局面。当然黑⓬也可 A 位拦。

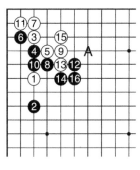

图 2 - 2 - 17 - 2

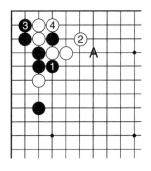

图 2 - 2 - 17 - 3

3. 定式

图 2 - 2 - 17 - 3,白棋为了避免黑在 A 位一带拦,所以白②尖出,黑❸即曲,白④打后应还是两分。

4. 定式

图 2 - 2 - 17 - 4,黑▲为了照顾下方黑棋的配置而对白棋三间低夹,白棋如 3 位托可参照上面一些变化。现白①碰,黑❷向右长,白③扳角,黑❹扳后白⑤立下是要点!初学者千万不可小视此手。白⑦拆一以求安定,如果黑▲一子能和下面配合得当,可算两分。

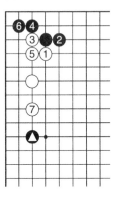

图 2 - 2 - 17 - 4

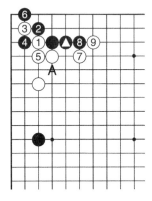

图 2 - 2 - 17 - 5

5. 定式

图 2 - 2 - 17 - 5,如白子征子有利,当黑❷(图 2 - 2 - 17 - 4 中的黑

❹)扳时,白③可以连扳,黑❹只有在二线打,白⑤接,黑❻打,白⑦跳,好手! 封住黑棋,白⑨扳后黑被压低位,白稍优。如黑征子有利,黑❹可在 5 位打后再 A 位征白一子。

小结:

白用碰小目一子来对付黑棋的三间低夹,是为求腾挪,初学者往往不知所措,其实只要冷静地内长或外长以静待动,并不可怕,而白棋反而不好处理。

十八、二间高挂向外小飞应

图 2－2－18,白②在四线隔二路对小目黑❶一子挂,被称为二间高挂,也和二间低挂目的一样,是为了缓和下面黑棋的夹击,但此二间低挂要积极一些,黑棋一般不脱先。

白②二间高挂,黑❸小飞应,白④到右边反夹一手,但这似不经意的一手,却是瞄着 A 位三三的托,所以黑❺小尖补一手,实惠! 这也是一个定式,结果要看外面白棋能获利多少了。

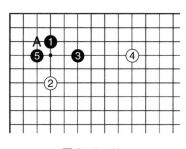

图 2－2－18

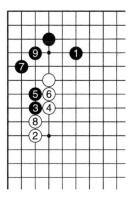

图 2－2－18－1

1. 定式

图 2－2－18,黑❶小飞后白②到下面拆,一般黑可脱先,也算一个定式。

在适当时机黑可 3 位打入,白④压,黑❺退回,至黑❾尖,黑获得实利不少,但是后手,而且白棋外势雄厚。所以黑如打入过早可能会得不偿失。

2. 定式

图 2－2－18－2,当白③断时黑❹在左边打,白⑤接,黑❻再扳角后至白

⑪,黑得实利,白得外势,双方均能满意。

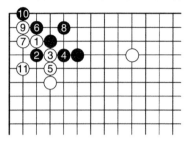

图2-2-18-2

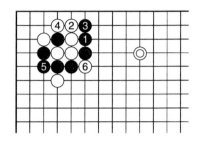

图2-2-18-3

3. 参考图

图2-2-18-3,黑❶不在4位长,而到右边打,白②长,黑❸贴下,白④提,黑再回过头来5位接上,白⑥断后白◎一子正处于好点,黑将苦战。

小结:

白二间高挂时,黑向外小飞应的下法在对局中较常见。因为其变化较少,而且多为两分,容易定型。

十九、二间高挂向内小飞应

图2-2-19,对白①的二间高挂,黑❷向里小飞应比小尖应要积极一些,白③挡下,黑❹长,白⑤挺出后黑或者脱先,或者A位跳出,或在B位夹击白三子。

白③如在4位压,黑C位顶,白3位曲,黑D位立,则成了小目定式。

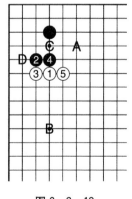

图2-2-19

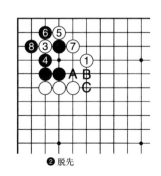

❷脱先

图2-2-19-1

1. **参考图**

图 2－2－19－1,白①飞下是好点,要注意的是下方如果是黑棋势力则不适用。因为黑可 A 位冲,白 B 位挡,黑 C 位断后白将两面作战。

黑❷脱先,白③碰入,是所谓"靠单"的好点,黑❹顶,白⑤扳后至黑❽提,黑棋被封在内,局部当然白好,但黑已经脱先两手,这样结果也应满意了。

2. **定式**

图 2－2－19－2,白①高挂时黑❷向内小飞,白③压,黑❹向外长,白⑤顶,黑❻挡,白⑦扳后还原成了"大雪崩"定式,在此不多述。

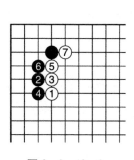

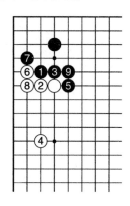

图 2－2－19－2　　　　　图 2－2－19－3

3. **定式**

图 2－2－19－3,当黑❸长时(图 2－2－19 中的黑❷),白④不在 5 位长,而到下面拆,黑❺在右边扳,白⑥到左边二线扳,白⑧粘后黑❾也粘是本手,白虽有点委屈,但得到先手,也可下。

4. **定式**

图 2－2－19－4,白①在外面靠也是常用的手段,黑棋如求简明可 3 位立下,白即到下面拆边。现在黑❷飞是好手,白③扳角显然是重视角部实利,黑❹夹,白⑤打,对应至黑⓮虎后,黑棋厚实,白下面三子贴在黑壁上很难发挥作

用,黑稍便宜。但如白棋下面原有拆边则另作他论。

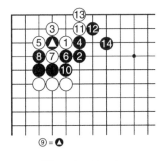

图 2-2-19-4

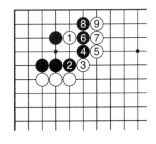

图 2-2-19-5

5. 定式

图 2-2-19-5,如黑棋在外面有一定势力,在白①夹时,黑❷贴长,白③扳,黑❹也扳,至白⑨,黑棋被封在内,但获利颇丰,且是先手,简明。但白外势雄厚。应是白优,所以此型的前提是前面说过的黑外面原有势力才不吃亏。

6. 参考图

图 2-2-19-6,白②二间高挂时,黑❸小尖应是坚实护角的下法。但嫌稍缓,以后可以在 A 位一带扩张外势。因为此型变化不多,在此只交待一下。

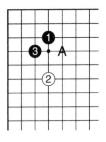

小结:黑棋以向内小飞对付白棋的二间高挂是为了争先手,但容易形成战斗,所以黑棋要有反击意识才行。

图 2-2-19-6

二十、二间高挂肩侵飞应

图 2-2-20,黑❶在白高挂一子上小飞肩侵是重视上面实利的下法,但对白棋攻击性不大。白②长是常见应手,黑❺❼扳粘,角部实利不小,白⑧虎后白外势也很可观,局部两分。

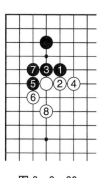

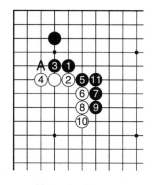

图 2-2-20   图 2-2-20-1

1. 定式

图 2-2-20-1,黑❸挡下时白④不向右边长,而向左边立下,是重视实利的下法。黑❺当然要在右边扳,是针锋相对的一手棋。如在 A 位挡下,白即5 位挺出,白好! 白⑥扳,至黑⓫接后成为互张形势的一盘棋。

2. 定式

图 2-2-20-2,黑❶飞时,白②先向角里飞一手,等黑❸挡后再白④长,黑❺挺时白⑥拆边,有力! 是两分局面,如下部原有白棋势力,白⑥可 A 位压或 B 位飞。

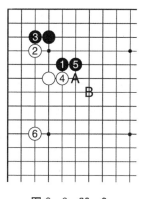

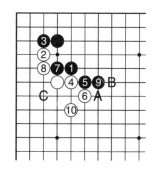

图 2-2-20-2   图 2-2-20-3

3. 定式

图 2-2-20-3,白④长时黑❺扳,白⑥必然反扳,黑❼冲,白⑧挡住,黑❾

长,白⑩虎后是典型两分。白也可 A 位再压一手,黑 B 位长,白则应 C 位虎补。

小结:

对于二间高挂,黑棋肩侵虽不多见,但初学者不可不知其变化。只要冷静对待,是不会吃亏的。

二十一、二间高挂飞压应

图 2 - 2 - 21,对白◎二间高挂的一子,黑❶压住比肩侵要激烈一些,是为了在右边形成大形势的积极下法,变化复杂一些。

白在征子有利时可在 2 位扳,黑❸扭断,白④先打再白⑥长是常用手段,至白⑧打为正,应勉强两分。因为在布局阶段黑有引征之利,而白尚要在 A 位提子,所以白棋一定要算清黑棋引征的得失才决定是否用此定式。

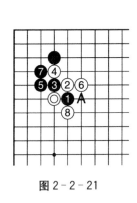

图 2 - 2 - 21

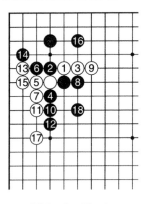

图 2 - 2 - 21 - 1

1. 定式

图 2 - 2 - 21 - 1,白子征子不利时,黑❷(图 2 - 2 - 21 中的黑❸)扭断,白③只能上长,黑❹打,白⑤接,黑❻挡,白⑦曲出,黑❽先在右边压一手再黑❿长是次序,至黑⓲补方,黑角部实利不小,而且外面很厚实,不会受到攻击。白只有左边一点,而且中间三子尚未安定,优劣自见。

2. 定式

图 2 - 2 - 21 - 2,黑❶压时白②长,简明,稳健! 是避免复杂变化的下法! 黑❸退也很平稳,白④先到角上和黑❺交换一手再白⑥曲出,结果两分。

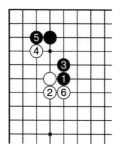

图 2-2-21-2

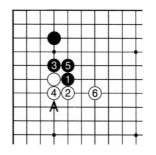

图 2-2-21-3

3. 定式

图 2-2-21-3,黑❶压时,白②扳起,黑❸在里面反扳,当然是重视角上实利。白④、黑❺各自接上,白⑥跳起,明显是实利和外势的两分局面。黑❸如 5 位退则白可 A 位虎,也是两分。另外,根据周围情况白⑥也有在下面拆的。

4. 定式

图 2-2-21-4,黑❶靠压,白②跳碰以求腾挪,黑❸扳,白④挖是常识性的一手,黑❺打,白⑥接,黑❼接,白⑧先扳角,黑❾曲以下至黑⓱接,黑棋实利和外势都很可观,但有 A、B 两处断点终是负担,白得先手,两分!

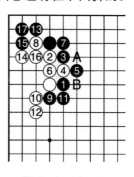

图 2-2-21-4

小结:

黑棋用上靠对付二间高挂是为了不让白棋脱先,这种下法实利多有亏损,是以取外势为主的下法,而且容易形成战斗,变化较为复杂,现在在对局中已经很少见到这种下法了。

二十二、二间高挂一间反夹应

图 2-2-22,白②二间高挂时,黑❸到下面一间反夹白②一子,一般都是为了配合下面形势而下的,在对局中较少见。

白④托,黑❺只简单地长,白⑥长,黑❼扳下,白⑧断,黑❾退回正好和黑❸一子接上,白棋难以两全,所以白④托角在此型中不宜使用。

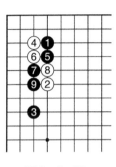

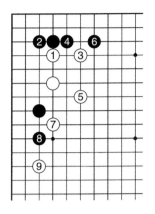

图 2－2－22　　　　　　图 2－2－22－1

1. 定式（战斗）

图 2－2－22－1,白①碰,黑❷向角里长是重视角地的下法,白③跳,轻盈,黑❹必长,白⑤飞是形,黑❻当然跳出,白⑦点时黑❽跳,白⑨逼,好手！但要依托下面白棋原有白势才好。以下将形成战斗局面。

2. 变化图

图 2－2－22－2,白②碰时黑❸向右边长,软弱！白④ ⑥扳粘,黑❼立是要点,初学者一定不可省,白⑧跳、黑❾飞后白棋形舒畅,黑处于低位不能满意。

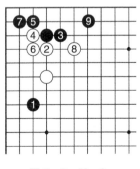

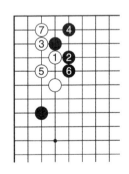

图 2－2－22－2　　　　　　图 2－2－22－3

3. 定式

图 2－2－22－3,和图 2－2－22－2 相比,白③扳时黑❹虎才是正

156

应,白⑤也要虎补,黑❻长出后,白⑦在上面立下是要点! 两分。

小结:

二间高挂是强烈地不让对方夹,所以很少有反夹的下法,二间高挂定式并不多,但回旋余地较大,所以在让2～3子时常用。

二十三、二间高挂脱先

图2-2-23,当白②二间高挂时,黑棋可以脱先,可以看成白先在2位落子,黑棋到1位挂。白④托是唯一的一手应法,黑❺扳后,白⑥扭断,黑❼立下是正应。白⑧ ⑩打粘是简明下法,黑⓫以后,黑得角白得势,两分。

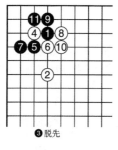

❸脱先

图2-2-23

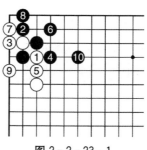

图2-2-23-1

1. **参考图(白稍优)**

图2-2-23-1,白①(图2-2-23中的白⑥)扭断时黑❷到上面打后再黑❹打,黑❻虎后至黑❿跳,黑棋所得不如白棋实惠,应是白稍优。

2. **参考图**

图2-2-23-2,白①扭断,黑❷改为下面打后再黑❹接,不是好棋! 白⑤曲封,黑❻打,白⑦是“棋长一子方可弃”,多长一手可以利用其紧包黑棋,以下白棋次序井然,至白⑮飞出补断,黑棋被封在内,不能满意。

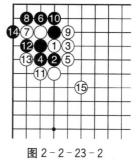

图2-2-23-2

3. **定式**

图2-2-23-3,当黑❹(图2-2-23中的黑

❼)立下时,白⑤挡,黑❻夹是手筋,白⑦冲下是多弃子达到包收外势的目的,对应到黑⓲扑入后白可脱先,A、B两处是大劫材,或在必要时再下掉,结果还是

两分。

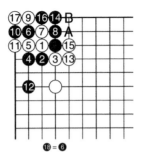

图 2 - 2 - 23 - 3

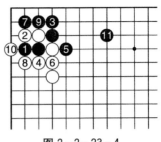

图 2 - 2 - 23 - 4

4. 变化图

图 2 - 2 - 23 - 4,黑❶立下,白②挡,黑❸不在 7 位夹而立,失误! 白④虎下后至白⑩提黑两子,白外势厚实! 黑⑪拆有些薄味,白又得到先手,黑不爽。

5. 变化图

图 2 - 2 - 23 - 5,黑❸(图 2 - 2 - 23 - 3 中的黑❻)夹时,白④舍不得被吃,以弃子取势而打。黑❺长出,白⑥只有接上,对应至黑⓭,黑棋上下均有势力,而白角所获不多,中间数子尚未安定,显然黑好!

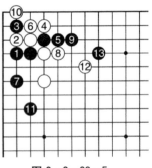

图 2 - 2 - 23 - 5

总结：

小目定式是定式中数量最多的一类,以小飞挂为主流。初学者要举一反三,知道一些正常对应。

第三章　目外定式

图 3,黑❶的位置在小目外一路,所以称为"目外"。它离角部远了一路,所以和小目的目的性质有很大不同,"小目"是确保角部,而"目外"保角的意义就小多了,但富有战斗的机动性。

白棋的对应大约有 A 位小目挂、B 位目外挂和点三三等处。

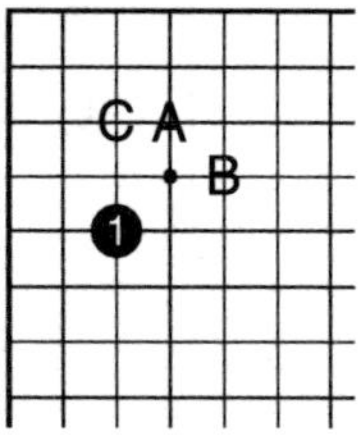

第一节　小　目　挂

图 3－1,黑❶目外,白②在小目挂,这是最常用的应法。
其实从另一个角度可以看成是白先在 2 位占住小目,黑❶小飞挂后白棋脱先。

以后黑有从 A 到 G 的应法,也有到 H、J 位开拆的下法。

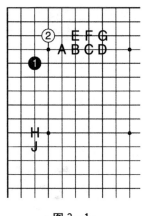

图 3-1

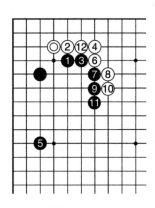

图 3-1-1

一、飞压应

图 3－1－1,对于白◎一子的小飞挂,黑❶小飞压是取势的下法,白②长应是唯一的应法。黑❸长,白④跳后,黑❺拆边。一般到此为一个定式。白如继续进行,可以对应至白⑫,是两分局面。

159

1. 定式

图 3-1-1-1,白⑥跳时,黑❼继续压,白⑧长后一定要 10 位扳起,否则太弱,白⑫连扳,强手!黑❸冲后再黑❺断、❼顶是先手便宜,至白㉒后白得实利,黑得外势,是典型的两分局面。

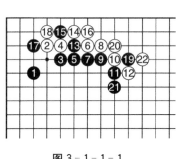

图 3-1-1-1   图 3-1-1-2

2. 定式

图 3-1-1-2,白①(图 3-1-1-1 中的白⑩)扳时,黑❷不在 15 位扳,而是直接冲,白③挡后黑❹断是挑战,白⑤尖顶是为安定自己。以下至黑⓲跳出,白棋中间三子是浮棋,但右角若是白棋,黑右边外势就有些落空。

3. 变化图

图 3-1-1-3,黑❶(图 3-1-1-2 中的黑❹)断时,白②到角上立是以静待动的一手棋,黑❸跳起自补,白④长出,黑❾跳。结果和图 3-1-1-2 相比,白角上实利稍少,而右边黑棋外势也稍小些,大同小异而已。

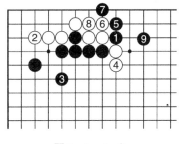

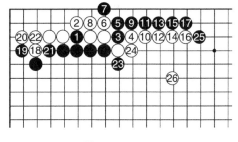

图 3-1-1-3   图 3-1-1-4

4. 定式

图３－１－１－４,黑❸(图３－１－１－３中的黑❶)断时。白④打,强手! 黑❺立下以后至㉕扳跳起几乎是必然对应。白㉖也有脱先的。结果也算两分。

5. 参考图

图３－１－１－５,黑❶(图３－１－１－４中的黑⓱)长时,白②不到角上补而长出,无理! 黑❸马上向角里飞,又是双方拼气;过程中白④靠下和白⑥夹是做眼的好手,而黑⓳多弃一子是长气的关键。初学者要仔细领会。最后白棋被吃。

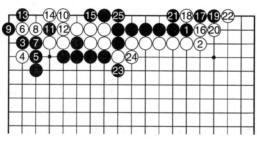

图３－１－１－５

6. 定式

图３－１－１－６,当白④跳时,黑棋不在 A 位压,而直接在 5 位托角,白⑥接上,黑❼也接上,白⑧拆二,双方简明,是双方均可接受的结果。

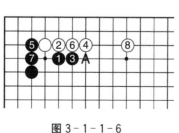

图３－１－１－６

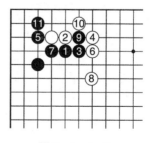

图３－１－１－７

7. 定式

图３－１－１－７,黑❺托角时,白⑥到右边挺起也是一法,黑❼挡时白⑧跳出才符合当时白⑥挺起的原意。黑❾冲后再⓫立下,白得外势和先手,黑得实利,是两分局面。黑⓫后白也可向右边拆。

8. 定式

图３－１－１－８,白①长时黑❷跳是重视中腹的下法,白③挖是手筋,至黑❿是两分局面。

白⑨如不跳,则被黑 A 位挡下后,白苦！白⑦顶也是必要,如立即在 9 位跳,黑 B 位托,白失去角部根据地。

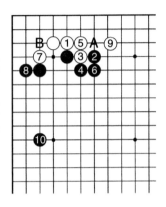

图 3-1-1-8

9. 定式

图３－１－１－９,所示,白①(图３－１－１－8 中的白⑦)尖时黑❷也尖,因为对白角影响不大,所以白可以不在 A 位跳,脱先他投,或到下边分投以化解黑外势。

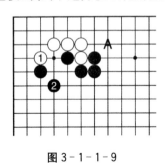

图 3-1-1-9

图 3-1-1-10

10. 参考图

图３－１－１－10,黑❶飞压时,白②跳在此处不是好手,黑❸冲下后至白⑧提一子黑棋是常形,结果明显黑好！

11. 变化图

图３－１－１－１１,黑❺不在 A 位断,而只是简单地曲,为的是抢先手,白⑥接后,黑❼飞出,白⑧不得不并,黑❾拆,上面白在低位,不利。

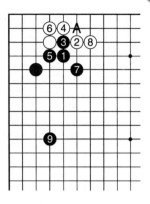

二、一间反夹应

图３－１－２,白②挂时,黑❸到右边一间反夹是严厉的一手棋,是想在右边形成一定势力。当然要右角有相当力量的配合才行。

图 3-1-1-11

白一般在 A 位尖出应,或在 B 位和 C 位压靠应,至于 D 和 E 位则少见。

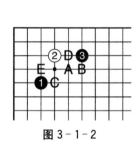

图 3-1-2

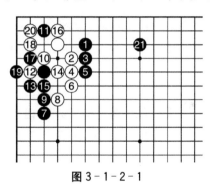

图 3-1-2-1

1. 定式

图３－１－２－１,黑❶夹,白②小尖,黑❸ ❺连压两手,再回到下面 7 位拆二,次序正确,白⑧先点一手再白⑩尖顶。黑⓫点入是弃子! 好手筋! 逼白棋不得不花几手棋帮黑先手补好下边。抢到右边拆二,结果黑棋生动,这全依仗黑⓫点的功劳!

2. 定式

图３－１－２－２,黑❶上长时,白②跳也是一法,黑❸再长时白如 8 位接则复原成图３－１６。白④靠下才符合白②跳的原意,黑❺下扳,白⑥退,黑❼立,白⑧不得不补断,以下至白⑯接、黑⓱拆后应为两分,今后 A 点是双方必争

要点。

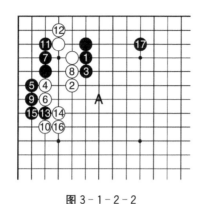

图 3-1-2-2

图 3-1-2-3

3. 参考图(白好)

图 3-1-2-3,白①(图 3-1-2-2 中的白⑫)跳时,黑❷不在 3 位长,而到左边拆二,白③马上虎出。虽然简明,但黑棋总有受压迫之苦!白好!

4. 定式

图 3-1-2-4,白③跳时黑❹飞起,白⑤转到右边去夹击黑二子,黑❻当然拆,白⑦再回过来顶角,黑❽上挺至白⑪后,白得到角上实利,黑得外势,但有些薄弱。

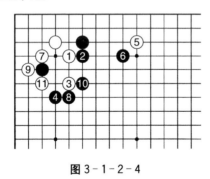

图 3-1-2-4

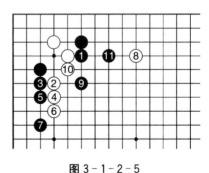

图 3-1-2-5

5. 定式

图 3-1-2-5,黑❶挺时白②飞压,黑❸❺长后再黑❼跳出,白⑧到右边逼黑两子,黑❾跳是逼白⑩补断,黑⑪跳后得到安定,也是一型。

6. 定式

图 3-1-2-6,白②飞压时,黑❸跳,也可行,白④尖顶,再白⑥跳出,黑❽先点一手再于右边 9 位拆,双方简明,都可接受。

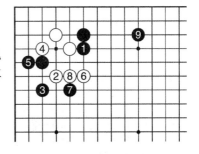

图 3-1-2-6

7. 定式

图 3-1-2-7,黑❶反夹时白②不在 4 位尖,而是压靠上去,黑❸必然扳起,白④退,黑❺虎,坚实!白⑥到下面反夹黑▲一子,黑❼跳起,白⑧封。黑▲一子尚有余味,所以为两分。

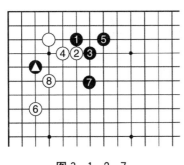

图 3-1-2-7

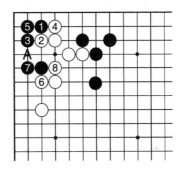

图 3-1-2-8

8. 变化

图 3-1-2-8,在适当时机黑❶点入,白②冲后再白④挡,至黑❼并,黑棋已活,白⑧尚要补一手以防冲断。

白④如改为 A 位扳,黑即在 5 位粘后 4 位逃回。

9. 定式

图 3-1-2-9,当白①(图 3-1-2-8中的白⑥)夹击时,黑❷向角里飞去是重实利的下法,白③跳起至黑❿长,应是两分。

黑❹如在 5 位挺起,白即 A 位补。

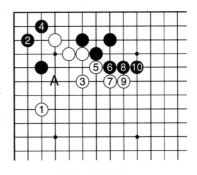

图 3-1-2-9

10. 变化图

图 3－1－2－10,白①逼黑❷尖出,过强! 是挑战! 白③针锋相对跳起,黑❹以后双方骑虎难下,至白⑨仍在战斗中,双方均有一块不安定的棋。

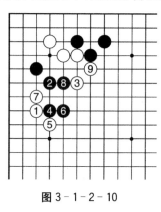

图 3-1-2-10　　　　　　　图 3-1-2-11

11. 参考图(白优)

图 3－1－2－11,白①夹,黑❷飞出,过分! 白③挺起,黑❹跳,白⑤再长,黑❻虽封住白棋,但白⑦顶和白⑨夹后白实利不小,外面又有三子外势,应是白优局面。

12. 定式

图 3－1－2－12,白如不愿被封,在黑❶长时,白可先 2 位跳,和黑❸拆交换后再到上面 4 位断。以后白有 A 位托的手筋,初学者不可不知。

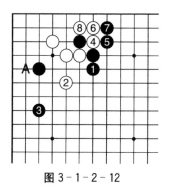
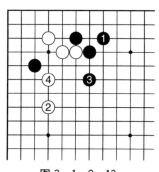

图 3-1-2-12　　　　　　　图 3-1-2-13

13. 定式

图 3 - 1 - 2 - 13,黑❶(图 3 - 1 - 2 - 6 中的黑❺)虎时,白②高一路夹击左边一子,黑❸跳出,白④跳补,简明,双方可下。

14. 定式

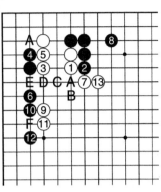

图 3 - 1 - 2 - 14,白①长时,黑❷压,白③仍然靠,这是手筋。黑❹长,白⑤接,黑❻不宜拆二,否则白 A 位曲是先手。白⑦扳,黑❽也不宜拆远。对应至黑⑫跳,白可脱先。但 D 位处如被黑扳,白很难过。

以后黑如 A 位断,白 B 打、黑 C、白 D,后黑虽能冲出,但左边黑有 E、F 处两个断点,将被白冲,黑会吃大亏。

图 3 - 1 - 2 - 14

15. 定式

图 3 - 1 - 2 - 15,白③上长时,黑❹马上顶,白⑤长是正应。黑❻长是定型的下法,白⑦只有接上。黑❽并在此情况下是补断的好手! 白⑨挡,黑❿拆边。黑稍好!

白⑨如改为 10 位一带夹击黑两子,双方将展开激战。

黑❻如改为 7 位冲,白可 6 位长,黑 A、白 B,黑虽断开白① ③两子,但黑⦿一子也失去了活动能力,白稍好。

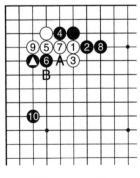

图 3 - 1 - 2 - 15

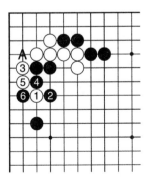

图 3 - 1 - 2 - 16

16. 参考图

图 3 - 1 - 2 - 16 所示,接图 3 - 1 - 2 - 15,在适当时机白①可以在 1 位打入,黑❷压,白③扳,黑❹曲后,白⑤长入,黑❻打,白棋先手得利。黑❹如改在 5 位扳,白即 4 位打,黑不行。

而黑也可在收官时抢先在 3 位立下,白 A 位挡是先手大官子。

17. 变化图

图 3 - 1 - 2 - 17 所示,白①打入时黑❷在上面立下阻渡,无理! 白③顶,好手! 不让黑棋联络,黑❹尖以防止白在此封。白⑤扳后白已安定了左面,而黑数子尚未安定,且上面白棋只要 A 位挡下即可生根,当然白好!

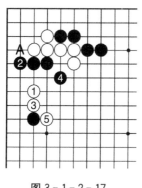

图 3 - 1 - 2 - 17

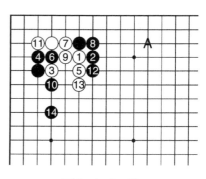

图 3 - 1 - 2 - 18

18. 定式

图 3 - 1 - 2 - 18,白①先压右边,等黑❷扳后,白③再到右边 3 位压是可以成立的一手棋。黑❹向角里长,白⑤在右边上出,黑❻冲后对应至黑⓮拆一,白先手得到角上实利。黑棋两边均有外势,应是两分局面。以后白或他投,如右边有势力可 A 位逼黑棋。

19. 参考图

图 3 - 1 - 2 - 19,当白①(图 3 - 1 - 2 - 18 中的白⑨)接时,黑❷不在 A 位打而到角上挡,白③跳,好手,黑❹飞,白⑤向右边飞去,黑❻拆。白外势扩张,形势稍好,而且有 B 位靠下的严厉手段。

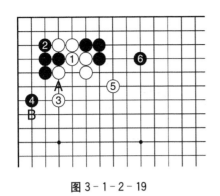

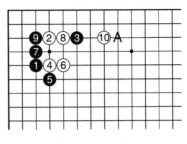

图 3－1－2－19　　　　　　　　　　图 3－1－2－20

20. 定式

图 3－1－2－20 黑❸反夹时,白④到左边压靠也是一法,对应比较简明,可防止黑棋在右边成势。但白如和外面形势配合不当,往往不会满意。

白④压,黑❺扳起,白⑥长后,黑❼长,白⑧顶是常形,黑❾进角,白⑩夹击黑❸一子,也有在 A 位夹的。

结果黑得角,白得势,两分。

21. 定式

图 3－1－2－21 白①(图 3－1－2－20 中的白⑧)顶时,黑 2 到右边小尖是为了照顾右边形势,白③当然挡角,大极!黑❹跳起,白⑤好手!如果白棋不明此手,白将被封在内,大亏!黑❻向右平是正应。白⑦扳,黑❽拆边后白⑨虎。黑⑩拆边不过是演示定式。因为当黑❷尖时右边应有黑棋势力,所以黑⑩可脱先。

黑❻如在 7 位冲,白即 A 位顺势冲出,黑无后续手段。

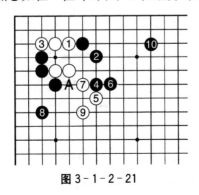

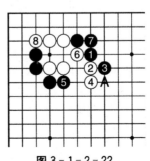

图 3－1－2－21　　　　　　　　　图 3－1－2－22

22. 定式

图 3－1－2－22,黑❶(图 3－1－2－21 中的黑❷)尖时,白②马上靠是为了简单化。黑❸扳,白④挺起。黑❺压,一是加强自己外势,二是促使白⑥挤补,黑❼好顺势补好。白⑧挡角是生根要点。黑棋或 A 位再压一手,白长,还是先手。

23. 定式

图 3－1－2－23,黑❶反夹时,白②顶虽少见但也可成立。黑❸尖,白④⑥到右边压长。黑❼向角里尖是补 A 位断头的手筋,白⑧靠下是生根的下法,不可省。至白⑭,白得实利,黑得外势,以后白仍要 B 位靠出头。

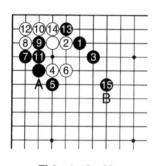

图 3－1－2－23

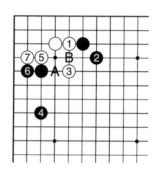

图 3－1－2－24

24. 定式

图 3－1－2－24,黑❷小尖时,白③跳出简明而有力。黑❹拆二,白⑤顶角,白⑦挡后自己净活,而右边黑棋尚须经营,好在是先手,可算两分。以后黑如 A 位顶白 B 位接即可。

小结:

黑棋到右边一间反夹是较有力的下法,白棋如争外势,则实利会稍亏,以尖应是较稳健的下法,白棋主动,至于两边压应则和外部形势配合。

三、二间反夹应

见图 3－1－3,白②小目挂,黑❸到后边二间反夹,也是常用手段,比一间夹要宽松一点,白棋以 A 位尖、应居多。B 位碰、C 位压、D 位飞以及左边 E 位压等应法。

1. 定式

图 3－1－3－1,白②小尖是对付二间反夹最多的一种手段,黑❸飞是重视左边的下法,白④尖顶,黑❺上挺,白⑥立下是生根要点,黑❼拆以后黑如 A 位飞白 D 位挡,确保角部活棋。

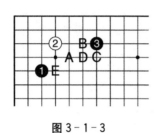

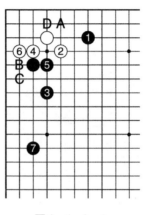

图 3－1－3

图 3－1－3－1

2. 定式

图 3－1－3－2,当白③尖顶时,黑❹飞封是为配合全局外势的一种下法。白⑤扳,实利相当大,而且是双方根据地。如被黑在 5 位飞,白还要 A 位挡,黑 B 后黑棋生动。要注意的是黑棋外部很薄,如配合不当则大亏。

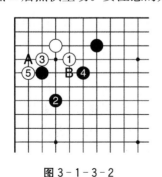

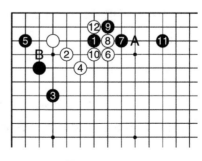

图 3－1－3－2

图 3－1－3－3

3. 定式

图 3-1-3-3,黑❸(图 3-1-3-2中的黑❷)飞时,白④向外尖出是为了争出头。黑❺飞角,白⑥转向右边飞压,黑❼跳后至黑⓫是轻盈的好手,白⑫吃黑❶一子,结果应是两分。黑❺如在 A 位拆二,白即 B 位顶,也是定式的一型。

4. 定式

图 3-1-3-4,白①尖时,黑❷在右边跳起显然是为配合右边势力,白③即向左边一子飞压,黑❹长时白⑤顶角生根,黑❻先冲一手后再黑❽拆,两分。白③如改为直接 5 位尖顶黑即 A 位飞封白棋,在白棋有外势时也可下。

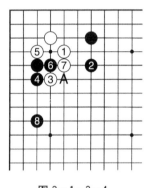

图 3-1-3-4

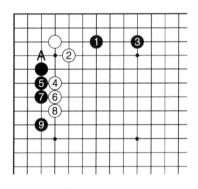

图 3-1-3-5

5. 参考图

图 3-1-3-5,白②尖时,黑❸到右边拆二,白④转到右边飞压,至黑❾跳,由于右边有黑子拆二,白棋外势的作用无法发挥,白亏。所以白④以下连压在此不适用。

6. 定式

图 3-1-3-6,白③反夹时黑❹靠出,白⑤压,黑❻鼓,好手! 白⑦不得不接,黑❽挺出,白⑨扳后黑到角上❿ ⓬连扳,白⑬打后只能白⑮接,结果两分。

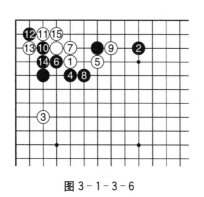

图 3-1-3-6

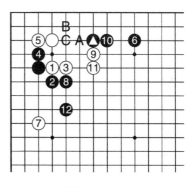

图 3-1-3-7

7. 定式

图 3-1-3-7,白①靠左边一子来对付黑▲一子的二间低夹,是白棋要求尽快定型的下法,同时也会让对方定好。虽然不多见,但初学者不可不知。至白⑤挡是常形。黑❻到右边拆二也是好手。白⑦忙里偷闲反夹一手,逼黑❽长,再顺势到9位压,黑❿长,白⑪并,好!黑⓬后为两分局面。以后黑A位或B位,白只要C位即可。

8. 参考图(黑好)

图 3-1-3-8,黑在▲(图 3-1-3-7中的黑❽)压时,白不在A位压而直接到1位跳,黑❷马上冲后再在4位断,是弃子手筋。白⑤打,黑❻双打,白⑦不得不提,黑❽打白三子,白⑨接,黑❿也接上后白被紧封在内,显然不利。

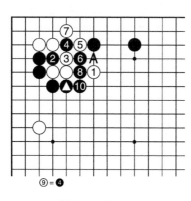

⑨=❹

图 3-1-3-8

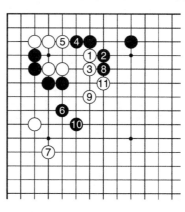

图 3-1-3-9

173

9. 定式

图 3－1－3－9白①（图 3－1－3－7中的白⑨）压时黑❷扳起，白③退，黑❹长入是不让白先手在此扳。黑❻跳后至白⑪虎，应是白好一些。因为毕竟左边一块黑棋尚未安定。

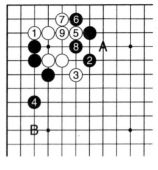

10. 定式

图 3－1－3－10，白①挡（图 3－1－3－7中的白⑤）时，黑❷跳是配合右边形势的下法，白①当然尖。黑❹到左边拆，白⑤碰，好手！白⑨后 A、B两点必得一处，应是白棋好下。

图 3－1－3－10

小结：

黑棋二间反夹是比较从容的下法，定式也简明，白以尖出应为主。

四、二间高夹应

图 3－1－4，白②小目挂时，黑❸二间高夹虽不常见，但学棋者不可不知，不能见到后不知对应。

白棋多在 A 位尖应。

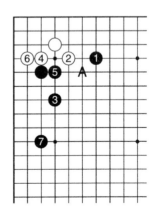

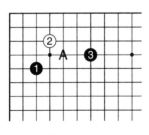

图 3－1－4

图 3－1－4－1

1. 定式

图３－１－４－１,白②尖应,黑❸飞出,白④尖顶,黑❺挺出,白⑥立下保住角上实利,黑❼拆边。以后白或 A 位尖出或利用右边势力对黑❶一子夹击。这是最简单的对应,两分。

2. 定式

图３－１－４－２,此图是一常形,在很多定式中都出现过,学棋者应当记住以后的各种变化。

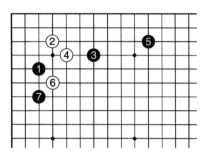

图 3-1-4-2

3. 定式

图 ３ － １ － ４ － ３,白①（图３－１－４－１中的白②)尖时,黑❷压是强手!白③扳是不让步的下法,黑❹必断,白⑤打、白⑦长,黑❽长后白⑨曲下,黑❿飞封,白⑪托、⑬退是先手补强角部。结果白获实利不小,黑外势也很整齐,且白有先手可以满意,应算两分。

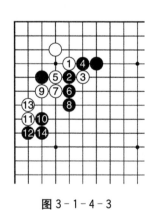

图 3-1-4-3

图 3-1-4-4

4. 参考图

图３－１－４－４,黑❶(图３－１－４－３中的黑❿)飞下时白②托,黑❸扳,白④断企图逃出有些勉强,黑❺退以静制动,好手!白⑥不得不打,黑❼打,白⑧提后黑不急于接,而是经过黑❾至白⑫交换后再接上,白⑭ ⑯活角不可省。

黑❶跳后,白角被掏去不少,黑外势雄壮,白左边四子虽开一朵花,但被黑❶正中要害,还需要经营,大亏!

5. 定式

图３－１－４－５黑❶夹时,白②在左边靠出是常形,至黑❾飞出,双方均可接受。

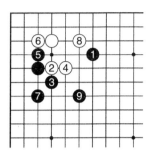

图３－１－４－５

6. 定式

图３－１－４－６,白⑤挡时黑❻尖,白⑦顶是防冲断,还原成一间夹再压靠左边型。白⑨尖或 A 位碰,都是争出头。

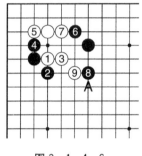

图３－１－４－６

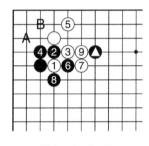

图３－１－４－７

7. 定式

图３－１－４－７白①(图３－１－４－６中的白②)压靠时黑❷挖,白③在右边打,黑❹接后白⑤虎是有弹性的好手,初学者要多领悟。至白⑨接,黑❹一子受伤。但获得先手也不算太亏,可下。

以后白 A 或黑 B 是大官子,到时不能放过。

8. 定式

图３－１－４－８,黑❶夹时,白②象步飞出是重视右边的下法,黑❸托角,白④挡下,黑❺虎一手逼白⑥退后再立角,要点!关系到双方根据地,而且很大,白⑧后两分。

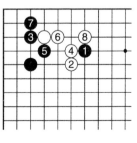

图３－１－４－８

小结：

目外定式中,用二间高夹对付是近代常见的下法,变化不复杂,易于掌握。白以尖应为主流,所谓"尖无恶手"在此很适用。

五、拆边应

图 3－1－5,白②小飞挂时,由于比 A 位低一线,所以黑可以在左边拆,要注意的是最少拆三。如拆二,白立即 A 位顶,黑上长则成了"立二拆二",亏!但最多也只能拆五,再多就不算拆了。

对付黑❸的拆边,白有 B 位尖、C 位飞、D 位打入等应手。

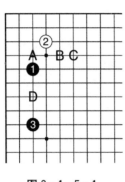

图 3－1－5－1

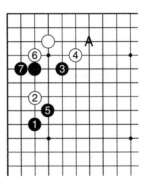

图 3－1－5－1

1. 定式

图 3－1－5－1,白②打入一般不是为了战斗而是弃子,是想借用这一子达到整形的目的。黑❸跳起,白不会逃白②一子,而是顺势到上面白④飞,黑❺尖吃下白②一子,白⑥尖顶守角,黑❼立下后成为一个基本定式。

2. 定式

图 3－1－5－2,黑❷托时白不予理会,径直到上面 3 位尖,黑❹夹死白①一子。也有脱先的,白即于 A 位扳下。其变化可参见图 3－1－5－7,黑将吃亏。黑❷托后白③如脱先,黑可 B 位逼白小目一子。黑❹夹后,白棋或脱先或于右边开拆。

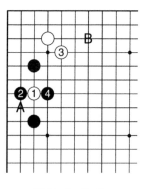

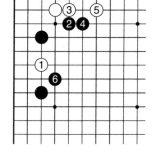

图 3-1-5-2　　　　　　　　图 3-1-5-3

3. 定式

图 3-1-5-3,白①打入时黑❷向上面一子白棋飞压过去也是一法。白③长后再白⑤跳,黑❻尖起控制住了白①一子,大致两分。

4. 定式

图 3-1-5-4,黑❶(图 3-1-5-4 中的黑❷)飞压时,白②也可冲出,黑❸挡,白④断后,经过必然交换,至白⑧抱吃黑一子,虽然白棋稍厚实一些,但黑得到先手,也可满足。

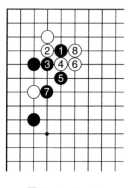

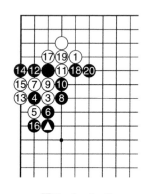

图 3-1-5-4　　　　　　　　图 3-1-5-5

5. 参考图

图 3-1-5-5,黑在❹位拆三时白①直接尖起,一般黑❷多脱先。白③

178

打入,黑❹托,白⑤扳,黑❻断后至黑❷为正常对应。本图多了白①和黑❷的交换,白亏。而且黑已脱先一手,所以还算两分。

6. 定式

图３－１－５－６,白①(图３－１－５－４中的白③)打入时黑❷靠,白③是"软头必扳"。黑❹退,白⑤尖顶接着再白⑦虎,次序井然。黑❽尖防白①一子逃出,白得先手,可以满意。白⑤如改为 8 位尖想逃白①一子,无理! 黑即 A位断,白将崩溃!

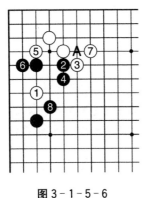

图３－１－５－６

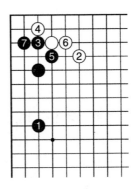

图３－１－５－７

7. 定式

图３－１－５－７,黑❶拆三时,白②也有小飞应,比小尖应生动,也很稳健,黑❸托,白④扳,黑❺顶时,白⑥退是简明下法,黑❼立下后,白得先手,或在右边拆,或他投,双方均可满意。

8. 参考图(白好)

图３－１－５－８,黑❶(图３－１－５－７中的黑❺)虎时,白②不在 3 位长而到角部打,变化较为复杂,以下举两例以供初学者有所了解。黑❸反打是必然一手,但白④提后黑❺粘上是过分软弱。白⑥ ⑧两边先手扳,角部白先手获得相当大的实利再抢到右边 10 位要点,限制了黑棋厚势的发挥,明显白好!

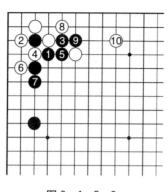

图 3-1-5-8 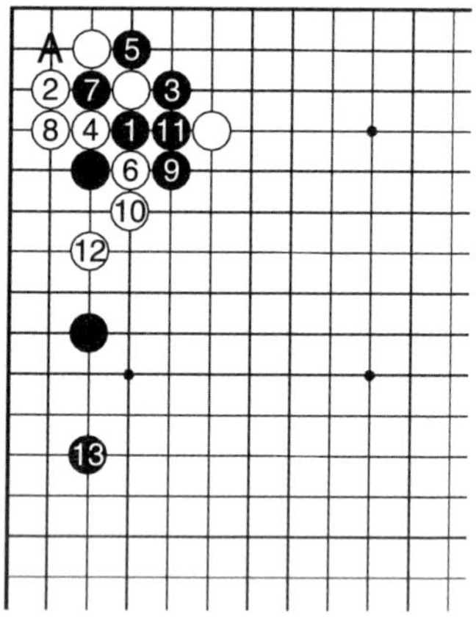   图 3-1-5-9

9. 定式

图 3-1-5-9,白④提时黑❺打才是正应,千万不可手软,白如 7 位粘上,黑再 11 位接才不吃亏。白⑥断是强手。黑❼先提劫正确! 至黑⓫接,白⑫尖很有必要,以防止黑子逃出。黑得先手到下面拆二,可算两分。以后黑有 A 位打的先手大官子。

六、大斜应

图 3-1-6 黑❶目外,白②小目挂,黑❸大飞压,这着也叫"大斜",是一种变化相当复杂的下法,自古就有"大斜千变"的说法,如今还在对局中产生出新的变化,在此仅选一些基本简明和变化较少的定式,以供初学者对大斜有个大致的了解。

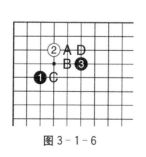

图 3-1-6

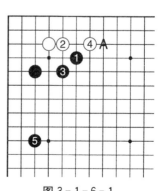

图 3-1-6-1

1. 定式

图３－１－６－１,黑❶大飞,白②并是简明的下法,可以避开一些复杂的变化,但有软弱之嫌,白多稍亏。黑❸补上自己的缺陷,同时封住白棋,白④跳,黑❺拆边。白地虽小但得到先手,而且黑棋也有些空虚,白棋尚有浅侵的余地,所以还算两分。

以后白棋在Ａ位并补强自己是本手,这样的下法初学者一定要学会。

2. 定式

图３－１－６－２,白❶平时,黑❷托角,白③必扳,黑❹接牢,好手! 白⑤跳争出头,黑❻再扳角,大! 白⑦挺起,简明的两分。

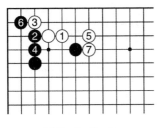

图３-１-６-２

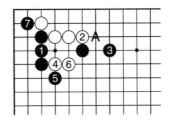

图３-１-６-３

3. 参考图(黑好)

图３－１－６－３,当黑❶(图３－１－６－２中的黑❹)接时,白不在Ａ位跳而是长,黑❸跳是轻盈好手,白④只好到左边靠强行出头,黑❺先扳一手后再角上７位扳,结果应是黑稍好。

4. 定式

图３－１－６－４,白①并时黑❷挡下有些过分,因为白③靠,白⑤长后再白⑦挡角,白棋已经安定,而黑棋被分为两处均要经营。按常形黑❹一子在Ａ位才生动,现在显得笨拙,所以白棋稍好。除非黑棋外面原有势力配合则另做他论。

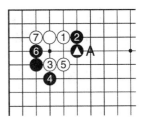

图３-１-６-４

5. 定式

图 3－1－6－5,白②在黑❶下面托,黑棋有多种应法,但以 3 位退最为简明,白④接后再白⑥跳,黑❼拆边,如下面有一定势力则可脱先。此型黑稍占便宜一点。

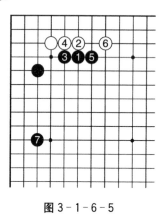

图 3-1-6-5

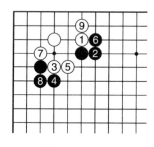

图 3-1-6-6

6. 变化图(白好)

图 3－1－6－6,白①托时黑❷向外长,错! 白③马上靠出,黑❹只有扳,白⑤挺出后至白⑨立下,白角部实利很大,而黑两边均未安定,当然白稍好。

7. 定式

图 3－1－6－7,白①托时,黑❷扳也是一种应法。白③虎是切断白棋两边联络的要点。黑❹打后再黑❻接上,爽! 白⑦先飞压再白⑨顶,黑❿到右边拆,是两分。也有黑❽不跳直接 10 位拆的,白即在 A 位挡下。

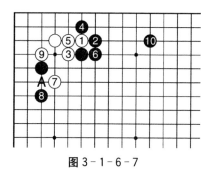

图 3-1-6-7

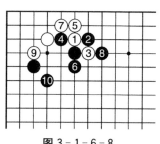

图 3-1-6-8

8. 定式

图３－１－６－８,在白征子有利时,黑❷扳,白③可以扭断。黑❹打后再 6 位长是常用手筋。白⑦必打,黑❽征白③一子,白不急于逃而到 9 位,是为了顶保住角上实利。黑❿尖后黑如果征子不行则将大亏。所以黑❷扳时就要想到此型。

9. 定式

图３－１－６－９,白①尖顶黑飞压▲一子,这是在大斜定式中的简明下法之一,而黑❷必扳,如在 3 位下则成为前面已介绍过的黑棋一间低夹白小尖应的定式。

白②扳是一般应法,黑❹后至白⑨跳为必然应法,黑❿拆后应是两分。以后白 A、黑 B、白 C、黑 D 或 E 位接为要点。

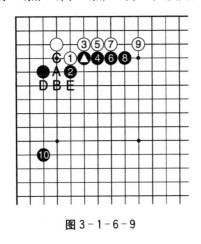

图３-1-6-9

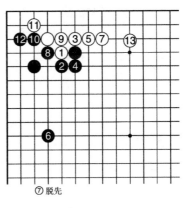

⑦脱先

图３-1-6-10

10. 定式

图３－１－６－１０,白③扳时黑❹不长而接是为求简明,白⑤绝对不能让黑扳,黑❻拆边,至此双方基本告一段落。

以后黑❽打至白⑬拆是正常对应,黑稍优,但白脱先一手,也算两分。

11. 定式

图３－１－６－１１当白①扳时,黑❷立即打也常在对局中看到。白③接

后黑❹扳角,白⑤扳,黑❻连扳是手筋,黑❻如 9 位立则弱。黑❿接后白⑪不得不接,如在 A 位打,黑即先在 11 位打后再 B 位断,白难以对应。

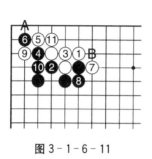

图 3－1－6－11

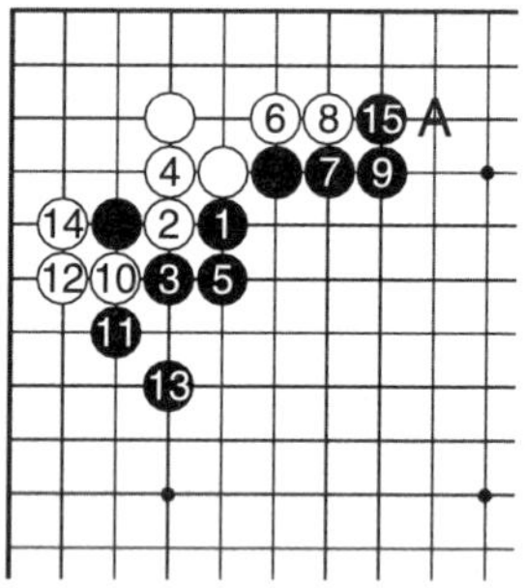

图 3－1－6－12

12. 定式

图 3－1－6－12,黑❶压时,白②挖也是一法,黑❸打,白④接,黑❺也接上,白⑥ ⑧先到上面爬两手后再到下面白 10 位断。至白⑭打,黑❿在右边曲下,白虽得到相当实利,但黑棋外势却相当雄厚,从局部来看应是黑稍优。所以白⑩也有不断而到右边 A 位跳出的。

13. 定式

图 3－1－6－13,黑❶大斜,白②靠出是大斜中最复杂的一种变化。黑❸挖,白④打后黑❺接,白⑥接上,黑❼断,到此可以说是一个基本型,以后各种变化都由此生。

白⑧打,黑❾长,白⑩打黑❶一子,黑⑪跳,白⑫提。黑得实利,白得外势和先手,可以认为是两分。

要注意的是白棋在用此定式前一定要看好征子方向,如征黑❶一子不成立则白棋就无法收拾局面了。

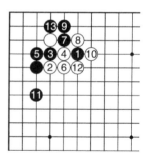

图 3－1－6－13

14. 变化图

图 3－1－6－14 黑❶(图 3－1－6－13 中的黑❷)曲打既让白②提去征子,又不敢 A 位飞出,只在二线长出,太弱白④扳后至白⑧长,白大好!太厚。

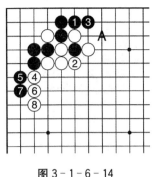

图 3-1-6-14

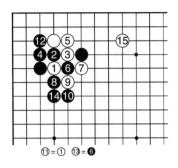

图 3-1-6-15

15. 定式(黑稍优)

图 3-1-6-15,黑❹接时,白⑤到上面接,这是大斜中最多的一种应法。黑❻必打,白⑦反打,也算一个基本变化。以下各型由此而衍生出来。黑❽提,白⑨反打,黑❿扳打,正确! 如接上则弱。至白⑪提,黑⑫以挡角为劫材,白⑬接粘劫,黑⑭接上后白⑮到右边拆边,结果黑稍优。

16. 参考图

图 3-1-6-16,图-1-6-15中的白⑮也有脱先他投的,但非万不得已时不可脱先。黑❶跳 ,是严厉的一手棋。白② ④只有靠长以争出头。黑❺虎后白棋暂时虽无死活问题,但原来厚势全被黑棋抵消,不再是厚势,而是愚形了。如白原在 A 位拆三,黑如 1 位跳,白只要在 B 位挺后再 C 位曲,黑将一无所获,而且有成为孤棋的可能。

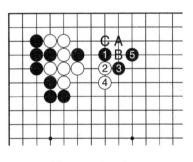

图 3-1-6-16

17. 参考图

图 3-1-6-17 白⑤(图 3-1-6-15 中的白⑨)打时,黑❻接,太弱! 白⑦进角,便宜! 至黑❿提得一子白棋,但是贴着白棋的不能算是“中间开花”。白⑪后,局部当然白优。

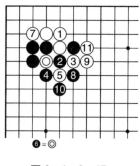

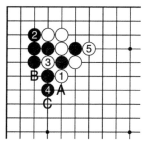

图 3 - 1 - 6 - 17　　　　　　　图 3 - 1 - 6 - 18

18. 定式

图 3 - 1 - 6 - 18 白①(图 3 - 1 - 6 - 17 中的白⑤)打时,黑❷不在 A 位打而直接向角里长,白③仍然提劫,黑❹长出,白⑤抱吃黑一子,结果两分。黑❹如改为 A 位扳,那黑❷的挡就有问题了,因为白一定会在 4 位打,黑只有提劫。此劫黑是不可轻开的,如劫材不够,黑只有 B 位粘,白 C 位长出,黑大损。

19. 参考图

图 3 - 1 - 6 - 19,白①(图 3 - 1 - 6 - 17 中的白⑦)打时黑❷不提而长出是一种趣向,以下对应是正常交换,黑❽跳下是封锁白棋的手筋,白⑨也是本手。此处如被黑扳后再 B 位立下,白角将所剩无几。黑❿后,白得相当实利,又得先手,而白◎一子或多或少尚有一点余味。黑棋虽然外势整齐,但要看外面的形势能否化为实利。

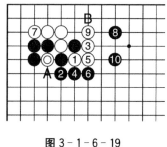

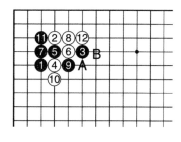

图 3 - 1 - 6 - 19　　　　　　　图 3 - 1 - 6 - 20

20. 变化图

图 3 - 1 - 6 - 20,白⑧接后,黑❾打,白❿长出,是双方各不相让的强硬

下法,高手多喜用此型,这将产生千变万化。黑
⓫挡角,白⑫长出,以后黑有 A 位接和 B 位长
的两种应法。

21. 定式

图 3－1－6－21,黑❶接上,白②向右
边跳,黑❸也在左边飞,正着! 白④跳也是必然
一手,以下至白⑧是双方正应。其中黑❼也有
A 位的下法,很轻盈。白⑧也可 B 位大跳,但
嫌味薄。以后的发展将取决于各自外势的配
置了。

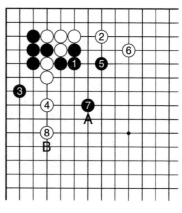

图 3－1－6－21

22. 定式

图 3－1－6－22 白④跳时,黑❺向右边飞,轻盈! 白⑥继续在左边跳出,
黑❼至⓫加强了右边,准备攻击中央数子白棋。

白⑥也有在 7 位飞出的,则黑即于 A 位大飞,白再顺势 6 位跳出。都为常
见的对应。

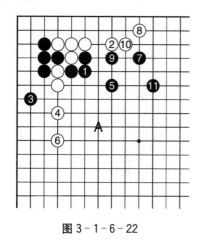

图 3－1－6－22

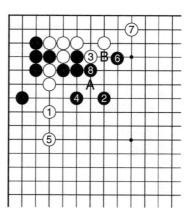

图 3－1－6－23

23. 定式

图 3－1－6－23,白①(图 3－1－6－22 中的白④)跳,黑❷也有向右
象步飞出的,因为有 B 位压的先手,所以不怕白 A 位穿象眼。白③虎,黑❹补上

断点,白⑤仍要跳出,黑得先手,应算两分。

24. 变化图（黑优）

图３－１－６－２４,黑❶接时,白②不向右边跳而在左边曲,有点过分。黑马上❸❺连扳,好手筋! 白⑧只有接上,黑❾打后白⑩还要到角上求活。以下至黑㉑提是双方正常对应。里面黑白均成活棋,但黑棋外势明显厚实得多,黑优!

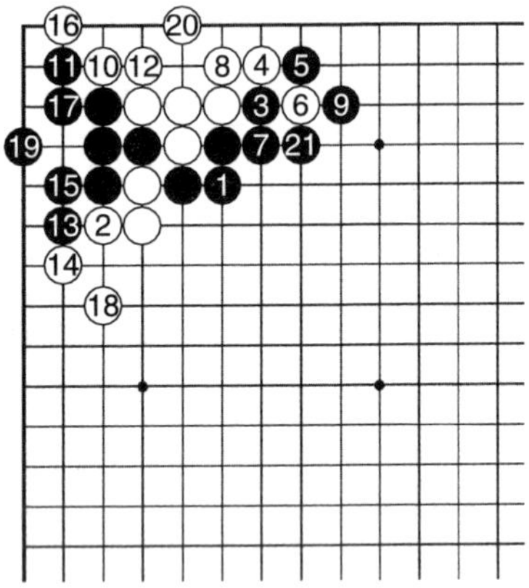

25. 变化图

图３－１－６－２５,黑❶不在６位飞而在

图 3－1－6－24

１位跳,是欺着! 但白棋稍有不慎就会被黑棋忽悠了! 白②先压一手再白④冲,黑❺必挡,白⑥⑧打后黑❾立是诱着,白⑩可千万不能追吃,在１０位曲出,正确! 是空三角的好手,黑⓫就不得不打白⑥一子了,白⑫马上扳角,时机好! 黑⓭又是被动的一手棋。白⑭跳起,黑⓯虎,大极! 白⑯马上封吃黑三子,当然白好!

黑⓯如在 A 位跳,则白 15 位立,就有白 A 黑 C,白 D 是绝对先手,然后白E、黑 F 跳,白好!

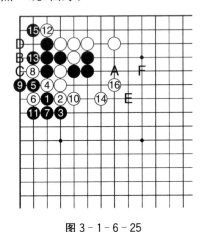

图 3－1－6－25

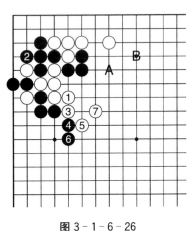

图 3－1－6－26

26. 变化图

图３－１－６－26,白①(图３－１－６－24 中的白⑩)曲时,黑❷在上面打是不让白棋在角上得到便宜,白③立即曲压,黑❹扳,白⑤扳,黑❻只有退,白⑦虎,厚实! 中间黑棋三子几乎已成死棋。黑如 A 位跳逃,白即 B 位飞,黑会把包袱越背越重,肯定要吃亏。

27. 变化图

图３－１－６－27,当黑❶(图３－１－６－26 中的黑❾)立时白②打太贪心,上当! 黑❸打,以下形成了所谓"拔钉子"的典型下法。其中黑⓫曲下,好手! 黑⓭尖后白被全歼! 白⑫如改 A 位顶,黑即 12 位曲出,白 B 位扳后可成劫争。但毕竟勉强,只是理论上的说法而已。

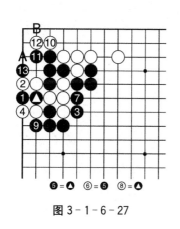

❺=▲　❻=▲　⑧=▲

图 3－1－6－27

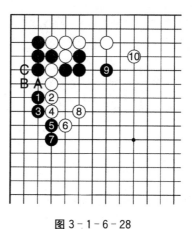

图 3－1－6－28

28. 变化图

图３－１－６－28,白②压时黑❸退,白④再压,对应至白⑩,黑左边获利不小,但白可在攻击中间数子黑棋时获得一定利益,应为两分。

29. 参考图

图３－１－６－29,接图３－１－６－28,在适当时机,白可以在 1 位冲下,黑❷在上面打是为了不让白在 A 位扳,因为 A 位实利大极,但经过白⑤打后再⑦ ⑨连打、⓫跳出,黑棋下面两子被断开。

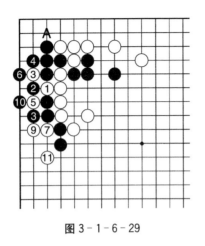

图 3－1－6－29

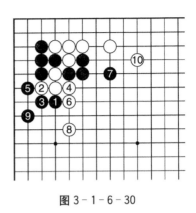

图 3－1－6－30

30. 变化图

图 3－1－6－30,黑❶改为顶也是骗着,但很巧妙! 白稍有不慎即会上当,白②先冲是为了让黑棋在左边产生出断头来,以便抢得先手。黑❸夹,白④向右长出,正确! 是破骗着的好手。黑❺只好渡过,白⑥曲,黑❼不能不跳出。白⑧跳后黑❾无奈补上断点。白⑩抢到先手到右边飞起。结果白未上当,黑棋中间四子将和中间白子展开战斗,应算两分。

31. 参考图

图 3－1－6－31,白①(图 3－1－6－30 中的白⑧)跳时,黑❷不在左边虎补,而到上面 2 位搭下,白③先到左边扳一手。是关键! 初学者要领会。黑❹扳有些过分。白⑤回过来到上面二线扳,至黑❿是一般交换,白棋上面已活,白⑪断,黑⓬只有接,白⑬退回,黑两子被吃,黑右边外势不能和白棋左边厚实相比拟,黑亏。

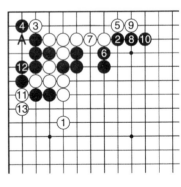

图 3－1－6－31

黑❹如改为 13 位虎,则白先 A 位扳获利后再于 6 位顶,黑中间将苦战。

32. 参考图

图 3－1－6－32,白⑥曲时黑❼扳,无理! 白⑧罩上面三子黑棋,黑❾

靠,白⑩挖,好手! 黑⑪打,白⑫包打,对应至黑⑮立,白⑯得先手提劫。此劫对白棋来说是"万劫不应"的,黑棋被吃后全局将不利。

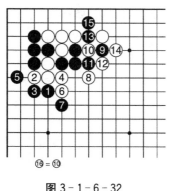

图 3-1-6-32

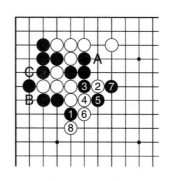

图 3-1-6-33

33. 变化图

图 3-1-6-33,白②(图 3-1-6-32 中的白⑧)罩时黑❸硬冲,无理! 白④当然挡,黑❺打,白⑥曲后黑❼打,白⑧马上打黑❶一子,黑两边不能兼顾,右边白有 A 位的滚打,左边白有 B、C 两点的利用。可以说黑棋已无法应付了。

34. 定式

图 3-1-6-34,黑❶顶,白②冲下时黑❸在右边挡是正应。白④曲出,黑❺扳,白⑥扳时黑❼只有接上,白⑧先在上面扳是为争先手,如单在 10 位长,黑 8 位立下是先手,白苦! 以下至白⑭飞起,应是两分。

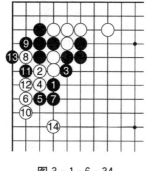

图 3-1-6-34

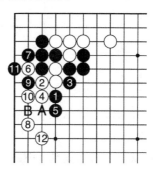

图 3-1-6-35

35. 定式

图 3－1－6－35，白②冲时黑❸挡，白④曲时，黑❺不扳而平也是正着，白⑥扳不可省。如马上 8 位飞，被黑 A 位曲，白 B 位挡，黑 6 位立后白苦！以下白利用白⑥一子抢得先手在 12 位先出要紧，此处不能被黑飞下。结果黑得先手，还算两分。

36. 变化图

图 3－1－6－36，黑❶改为罩，看似欺着，但只要计算清楚，还算正应，只是变化复杂，双方均不能掉以轻心。对付黑❶的罩，白②曲下可以说是唯一的正确应手。黑❸飞下，白④先向上面扳再白⑥接，对应至黑❾，黑棋角上后手做活。白再到下面 10 位托，到白⑯长时边上已活，黑⑰跳，加强中间，白为防黑 A 位逼也只有 18 位拆二，黑再 19 位跳后外势雄厚，黑好！

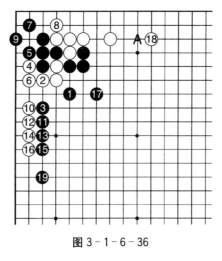

图 3－1－6－36

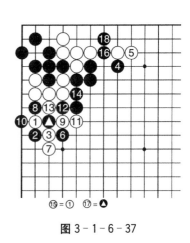

图 3－1－6－37

⑲＝① ⑰＝❹

37. 参考图

图 3－1－6－37，白①（图 3－1－6－36 中的白⑩）托时，黑❷扳，无理！但白③断反而上当！黑❹到右边先压一手，等白⑤长后再制造劫材！黑❻打，白⑦长，以下至白⑮提劫，黑⑯挖是劫材，白⑰只有粘劫，黑⑱穿下，黑好！

38. 正应图

图 3 - 1 - 6 - 38,当黑❶扳时白②夹是好手！黑❸冲,无理！白④打,黑❺接上！白⑥冲,黑❼挡,至白⑩,中间四子黑棋被吃,黑棋崩溃！

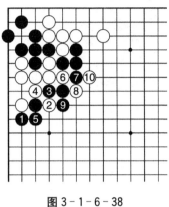

图 3 - 1 - 6 - 38

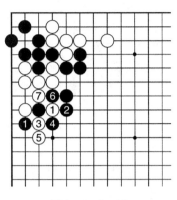

图 3 - 1 - 6 - 39

39. 变化图

图 3 - 1 - 6 - 39 白①夹时,黑❷也夹,白③打,黑❹反打,白⑤不提而长出,黑❻冲,白⑦挡后白棋上下两块棋均已安定,黑中间黑子也不算太厚,所以应是黑棋不爽！

40. 变化图

图 3 - 1 - 6 - 40,黑❶罩时,白②贴长有上当之嫌！黑❸长后白④还要跳下,再白⑥飞出,黑❼大飞,好！白⑧并,黑❾顺利补强外部,白⑩跳出,黑棋⑪抢到先手到右边逼,白苦！黑也可 A 位跳,白 B、黑 C 后黑大围中腹。

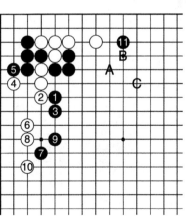

图 3 - 1 - 6 - 40

41. 参考图

图 3 - 1 - 6 - 41,白①不在 3 位飞而改为贴长,黑❷扳,白③也只有扳,至黑❻长,

黑已满足,这是白棋在帮黑棋越走越厚,白棋一般仍要 A 位飞出,否则,黑棋 B

位曲下,白将苦活。

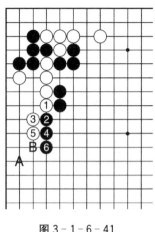

图3-1-6-41

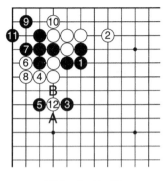

图3-1-6-42

42. 变化图

图3-1-6-42,黑❸改为二间虚枷,也不算骗着,但白棋对应也要非常小心,稍有不慎即吃大亏! 白④曲下仍是要点! 黑❺跳下,白⑥至白⑩先逼角上黑棋后手活,再12位挖,好手! 但要有征子准备。黑棋有 A、B 两种下法。

43. 定式

图3-1-6-43,白①(图3-1-6-42 中的白⑫)挖时,黑❷到下面打,白③接后黑❹是保持联络,白⑤断,以下是双方正常对应。至白⑨时白棋已经净活,黑棋外势似强,但有 A 位的断头,所以不太完整,而且下面还有露风,应是两分。

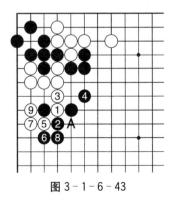

图3-1-6-43

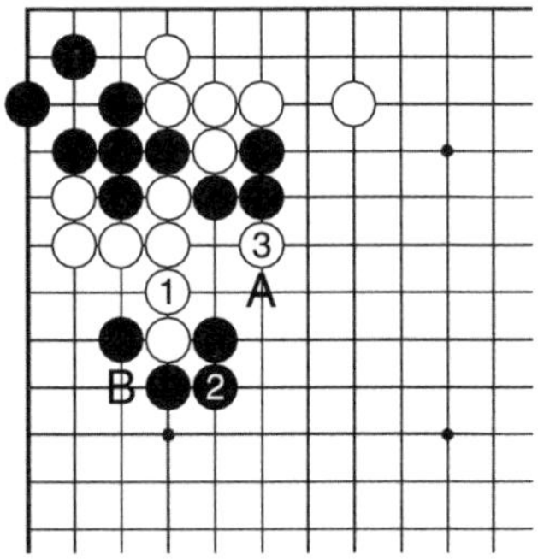

图3-1-6-44

194

44. 参考图

图３－１－６－４４,白①(图３－１－６－４３中的白③)接时,黑❷不愿被利用,不在Ａ位联络,而是接牢,白③立即靠出,黑棋很难应付。无论怎么应,中间黑棋三子都会受到攻击,而且Ｂ位的断点仍然存在,白棋随时可活。结果黑难下。

45. 变化图

图３－１－６－４５,若黑棋征子有利,白③接时黑❹可以直接紧白棋的外气,白⑤断,黑❻二路打,白⑦长,以下是双方必然对应,进行到黑⓰,白征黑子,当然这应在黑❷时就计算好的。

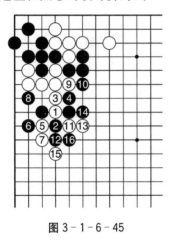

图３－１－６－４５ 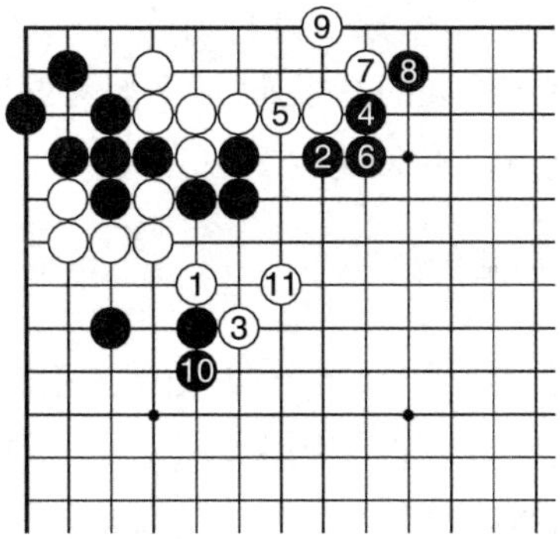   图３－１－６－４６

46. 定式

图３－１－６－４６,在白子征子不利时,可在１位尖顶,黑❷到右边靠以求腾挪。白③到黑软头上扳,黑❹当然扳下,等白⑨后手活棋再黑❿长出,白⑪虎,结果双方均可接受,两分。

47. 参考图

图３－１－６－４７,白①尖顶时黑❷扳,无理! 白③立即扭断,黑❹打,白⑤接,黑❻紧白棋外气。白⑦先托一手再9位挺出,次序好! 黑❿扳,白⑪接是长气手筋,黑⓬只有接上,白⑬虎后中间四子黑棋被吃。

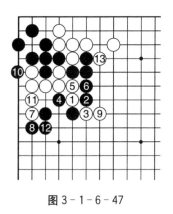

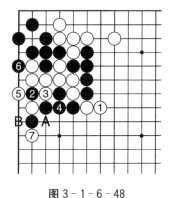

图 3－1－6－47 图 3－1－6－48

48. 变化图

图 3－1－6－48,白①(图 3－1－6－47 中的白⑨)长时,黑❷到右边
打吃白一子,未免过分! 白③双打,黑❹接,白⑤提后,黑❻扳,企图杀白棋,但
白棋有 7 位夹的好手筋,以下黑无好应手。黑如 A 位接,则白 B 位渡过;黑如 B
位立则白 A 位断,黑损失更重。

49. 变化图

图 3－1－6－49,白①挺起时黑❷只有跳出,这就是"应不好就不应"的
方法之一。让白棋到左边下。白③断,黑❹接牢。以下对应至黑❿打吃,白⑪
到右边拆,也可 A 位飞。白舍弃七子得到相当外势,应该满意。

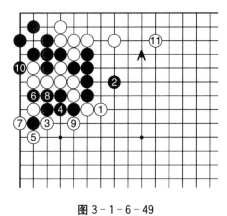

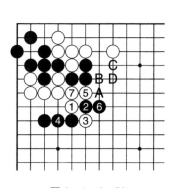

图 3－1－6－49 图 3－1－6－50

50. 变化图

图３－１－６－５０,白③(图３－１－６－４７中的白③)断时黑❹棒接,白⑤打后再白⑦接上,好! 以后黑如Ａ位曲,则白Ｂ位打。黑如Ｃ位靠则白Ｄ位夹,黑三子均被吃。

51. 定式

图３－１－６－５１,白③飞时黑❹补方,坚实! 这才是在黑棋征子不利时的正应。白⑤和黑❻交换一手后再白⑦尖起是本手,黑❽、白⑨后应是两分。

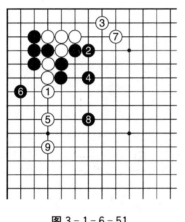

图３－１－６－５１ 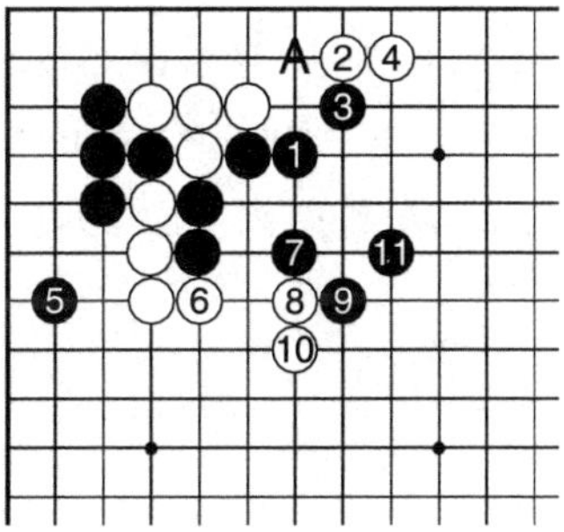　　　　　　　图３－１－６－５２

52. 参考图

图３－１－６－５２,白④长时,黑❺不立即在上面Ａ位扳,而是到左边飞,白⑥曲正好补上黑Ａ位扳的弱点。黑❼补方,白⑧靠至黑⓫虎对应后,白得先手,将展开中盘战了,结果要看各自外部的配置如何才能定优劣。

53. 定式

图３－１－６－５３,黑❶(图３－１－６－５２中的黑❼)补时,白②在左边跳下,黑❸ ❺先在边上定型后再7位挡,白⑧曲,黑❾虎后至黑⓯长、白⓰断,经过交换,黑白各自活棋。黑加强中间势力,白㉒长后应为两分。

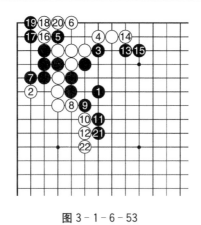

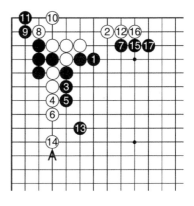

图 3-1-6-53   图 3-1-6-54

54. 定式

图 3-1-6-54,白②飞时,黑❸ ❺连压后再到上面 7 位飞压,白⑧扳,白⑩虎是角上先手便宜,也是正当次序,白⑫长时黑❸在左边交换一手,白⑭也可 A 位拆二,黑再回到上面 15 位长。黑⓱长后,白得先手和实利,黑得外势,应是两分。

55. 定式

图 3-1-6-55,白②一般都乐意先打一手,即使黑棋成了愚形,又可加强自己,白④ ⑥连着贴长两手,等黑❼长后白⑧再于左边挡下,次序正确。黑❾到右边曲下后双方对应的次序初学者要仔细体会。黑㉑也有 A 位虎补的,白即 B 位飞出,黑外势会大受限制,结果算两分。

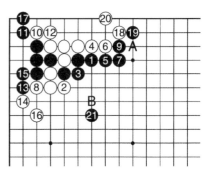

图 3-1-6-55

56. 定式

图 3－1－6－56,白③长时,黑❹不在 5 位长
而改为下面曲,白⑤必然扳起,黑❻也肯定扳下,白
⑦扳后双方是正常对应,至白㉑跳,白两边均有所
得,黑外势也很雄厚,可算两分。

其中白⑮和黑⓰交换是机敏的一手,否则黑 A
位飞是绝对先手。

57. 参考图

图 1－1－6－57,若黑棋征子有利,当白在◎
位(图 3－1－6－56中的白⑤)扳时黑❶可先扳一
手,等白②退后再黑❸扳,白④挡,黑❺连扳,白棋将吃大亏。

白如 A 位打,黑则 B 位应,白 C、黑 D、白 E,白征黑数子,但不成立,白棋将崩溃。

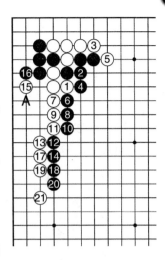

图 3－1－6－56

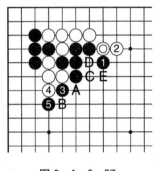

图 3－1－6－57

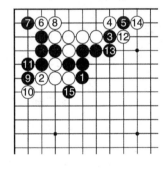

图 3－1－6－58

58. 定式

图 3－1－6－58,黑❶(图图 3－1－6－56 中的黑❹)曲时,白②因征
子不利也可于左边立下,黑❸到右边扳,白④扳后黑❺连扳是强手! 白⑥ ⑧到
左边扳粘,黑❾ ⓫也要到下边扳粘,然后白回到右边吃下黑❺一子,但黑⓯扳后
白左边数子已不能再逃了,可算两分。也有认为黑好的。

59. 定式（场合）

图 3－1－6－59,白④靠时,黑❺不挖而扳是在一定场合下的下法,白⑥长是正应。黑❼向角里长,白⑧并,黑❾入角,白⑩拆边,是双方简明的下法。结果黑角得到实利,白棋也得到安定,典型两分。

以后黑如 A 则白可 B 位飞。黑如 C 或 D 是过分的下法,因为白可 E 位压一手加强自己后再行攻击。另外:以后白在 F 位是要点。

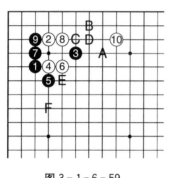

图 3－1－6－59 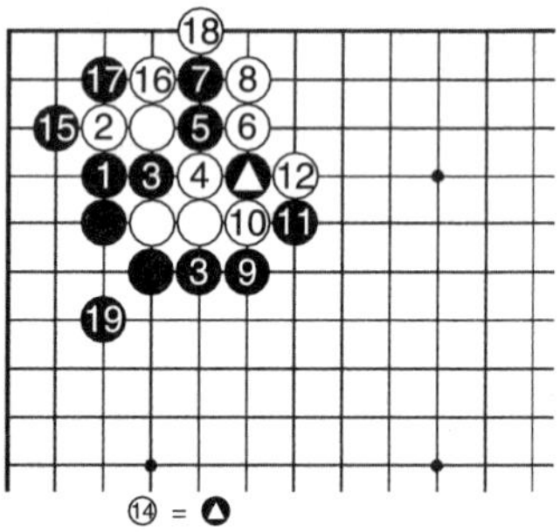   图 3－1－6－60

60. 定式

图 3－1－6－60,若白棋征子有利,黑❶(图 3－1－6－59 中的黑❼)向角里长时,白②可以挡角,黑❸冲后再黑❺断,白⑥打,黑❼多弃一子是常用手法。由于黑在 10 位征子不利,就在 9 位门,以下经过包打后黑⓳虎补。局部应是黑好一些,但白棋得到先手仍算两分。

小结:

大斜定式是定式中变化比较复杂的一类,初学者应在实战中不断地应用,从中摸索出规律,再找有关资料参考,就可慢慢掌握。不要怕它复杂,而要正视才行。

大斜定式至今尚有新手不断出现,有的尚未定型,上面介绍的是一些基本变化,希望初学者先掌握这些。

第二节　高目挂

图 3－2,白②在星位右一路挂,称为高目挂,简称高挂。这是为呼应外面

白棋而下的,比小目挂实利稍损。下一手如能 A 位飞入是最理想的了。黑棋一般有 B 位小飞、C 位压和 D 位夹等应手。

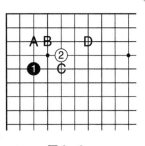

图 3-2

一、小飞应

图 3-2-1,白②高挂时,黑❸小飞应是最常见也是最实惠的下法。白④挡,黑❺点,白⑥拆边,黑❼尖,暂时告一段落,可算两分。以后黑如 A 位逼,白则 B 位跳起,黑也 C 位跳以配合右边黑棋。

黑❼也有不尖而脱先的,但白如 D 位挡黑❼不可省。黑如 D 位曲,白 E 位补是正应。

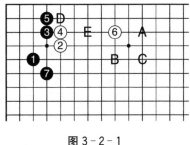

图 3-2-1

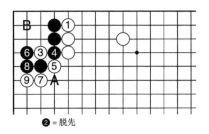

❷=脱先

图 3-2-1-1

1. 参考图

图 3-2-1-1,白①挡下,黑❷不在 A 位尖而脱先,白③即跨下是很严厉的下法,黑❹冲,白⑤挡后至白⑨,黑被封而且以后白还有 B 位的点入手段,所以白①挡时黑一定要 A 位尖。

2. 参考图

图 3-2-1-2,黑❶立下时,白②没有在 9 位挡而是直接 2 位跨下,无理! 黑❸冲,白④断时黑❺可以长出,白⑥长,黑❼曲,白⑧挡时黑❾再曲,白⑩挡,过分! 黑⓫断后白棋已崩溃。

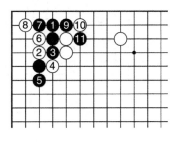

图 3-2-1-2

3. 参考图

图３－２－１－３,白棋一般◎位拆后即脱先,黑在适当时机可在１位打入,白即在２位压,黑❸顶,白④再压,以下至白⑫吃黑两子是常形,黑虽吃得一子白棋,但白棋已安定而且外势更加厚实,再加上脱先一手的利益,白不亏。

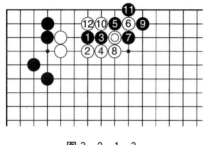

图 3-2-1-3 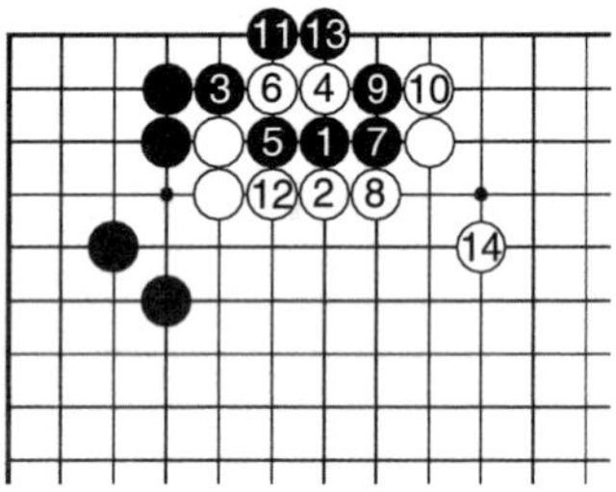   图 3-2-1-4

4. 变化图

图３－２－１－４,当白②压时,黑❸从角里向右边曲,白④夹是弃子手筋,黑❺断后,白⑥断多弃一子,好手! 以下至黑⓭虽吃得白两子,但白棋外势雄厚,白优。

此形初学者要领会弃子之法和白⑭飞的整形下法,以及不要过早打入。

5. 定式

图３－２－１－５,黑❶立下时白②到右边拆五,黑❸不能不尖,否则白在此处飞压下来白将形势一片大好! 白④拆补,应为两分。

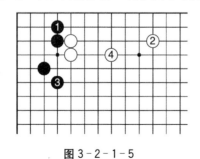

图 3-2-1-5

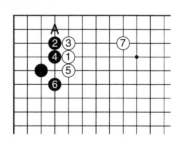

图 3-2-1-6

6. 定式

图３－２－１－６,白③挡时,黑❹不在 A 位立而贴长是坚实的一手棋,白⑤接,黑❻尖起,白⑦拆三,各自相安,两分。

7. 定式

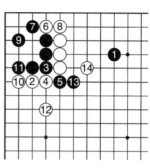

图３－２－１－７,黑❶夹,白②靠下时黑❸下成愚形,虽形状稍差,却是最有效的反击手段。白④挡,黑❺当然要断。才能体现当初黑❶夹的意图。白⑥ ⑧先到上面扳粘,再白⑩立下是次序,至白⑭跳后双方将有一场激战。这是在当初黑❶夹时,双方都应有充分的准备。

图 3-2-1-7

8. 参考图

图３－２－１－８,图３－２－１－７中的黑⑨改为本图先在 1 位扳,以为可以抢到先手,白②跳是好手,黑❸仍要虎补,白④并,黑❺长,白⑥跳,和图３－２－１－７比较,可见白棋下面势力增强了,对中间两子黑棋不利。

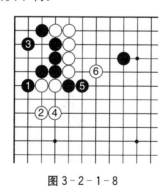

图 3-2-1-8

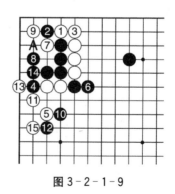

图 3-2-1-9

9. 参考图

图３－２－１－９,黑❹(图３－２－１－８中的黑❶)扳,白⑤跳后黑不在 A 位补而到 6 位长,白⑦断是锐利的一手,黑❽只有虎,如在 A 位打,白即 14 位打,黑仍无法活棋。白⑨打后黑❿飞压,以下黑角部无非是做无力挣扎而已。

白⑦如在 11 位扳,被黑 14 位接,黑棋已活,白无法上下兼顾,要吃大亏!

10. 定式

图 3－2－1－10,黑❶夹时,白②为了避免战斗可以小飞,黑❸也小飞应。以后白可专心对付黑❶一子。

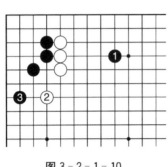

图 3-2-1-10

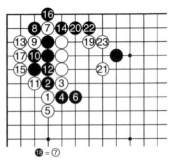

图 3-2-1-11

11. 参考图

图 3－2－1－11,白①小飞时,黑❷尖顶,白③挡,黑❹断,无理! 白⑤长,黑❻也只有长出。其中白⑬的立尤为严厉。至白㉓,白优势明显。

12. 定式

图 3－2－1－12,对付白子◎(图 3－2－1－10 中的白②)的小飞,黑棋在征子有利时可在 1 位跨出,白②冲,黑❸断,白④在上面先立,等黑❺挡后再白⑥跳出,以下对应至白⑫飞,两分。

本图关键是白不能在 7 位征吃黑❶一子。

小结:

白棋在小目对付黑棋的高目,变化并不复杂,但要注意和外面形势配合才行!

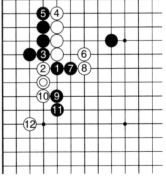

图 3-2-1-12

二、压靠应

图 3 - 2 - 2,白②高挂时,黑❸压靠是重视外势的下法,白棋有 A 位扳和 B 位挖两种应法。

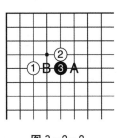

图 3-2-2

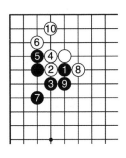

图 3-2-2-1

1. 定式

图 3 - 2 - 2 - 1,黑❶压靠,白②挖,黑❸在下面打,在此形中是正应。白④接后,黑❺向角里长是绝对必争之手,白⑥挡也是不能放过。至白⑩虎,黑棋局部稍亏。可见黑❶的压靠不是为了配合下面形势,因而是不能轻易采用的。

2. 变化图

图 3 - 2 - 2 - 2,白①(图 3 - 2 - 2 - 1 中的白⑥)扳时,黑❷不在 6 位虎而到角上反扳,白③虎是冷静的好手,黑❹打后仍要回到 6 位虎补,白⑦先打一手后再到角上 9 位打。结果和图 3 - 2 - 2 - 1 相比,白棋更加厚实,可见黑❷❹两手是自找损失。

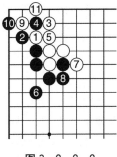

图 3-2-2-2

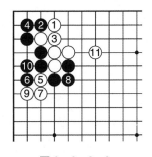

图 3-2-2-3

3. 变化图

图３－２－２－３,黑❷(图３－２－２－２中的黑❹)打后再黑❹接上,强手! 白⑤必断,黑❻只有在二线打,白⑦长后黑❽接上,至白⑪跳,黑棋中间三子成了浮棋,比起左边三子白棋来较难处理,所以明显白好!

4. 定式

图３－２－２－４,白①挖时,黑❷改在上面打,白③长后黑❹接,白棋征子有利当然在５位打,黑❻打,白⑦提后黑❽长出是必争之点,此处无论如何不能让白棋扳。白⑨挡下后,局势两分。

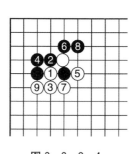

图３-２-２-４

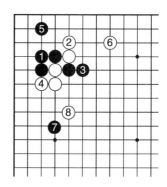

图３-２-２-５

5. 定式

图３－２－２－５,白棋征子不利,黑❶(图３－２－２－４中的黑❹)接时,白②不能征子只有立下,黑❸长,白④挡后黑❺补角是正应。白⑥拆,黑❼夹击白三子,白⑧飞出。以后是中盘战斗,双方均要看清外部配置,才能选择这种下法。

6. 变化图

图３－２－２－６,白③(图３－２－２－５中的白④)曲时,黑❹紧贴白棋,白⑤立是最强应手,黑❻飞下,白⑦曲,黑❽ ❿在下面先手扳粘后再到上面扳,这是次序! 白⑬ ⑮ ⑰在二线连长三手是先长气,再⑲夹、㉑长是给黑棋角上留下余味的好手。白㉓再长一手确保上面活棋,再㉕拆。结果上面白棋虽在二路,但角上尚有余味。黑如果再补一手会很不甘心,不补则白棋以后有种种

利用,所以还是两分。

黑❻如改为 7 位挡活角,白即于 14 位开拆,是比较简明的两分局面。

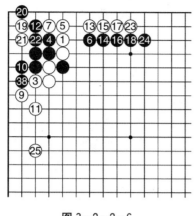

图 3-2-2-6

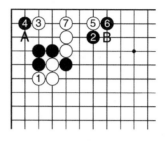

图 3-2-2-7

7. 变化图

图３-２-２-７,白①曲下时,黑❷直接飞下而不在角上应。白③先向角里飞,等黑❹应后再白⑤托,黑❻扳,过分! 白⑦立是绝好手筋,以后 A、B 两处白必得一处,黑苦! 这种手筋,初学者宜多领会。

8. 定式

图３-２-２-８,当白①(图３-２-２-７中的白⑤)托时,黑❷只有退,白③也在角上退回,黑❹ ❻先在下面扳虎后再黑❽立下活角,至白⑬,白上面已活。一般黑要在 A 位补一手以防白 B 位扳出,白即到下面开拆或他投,还是两分。

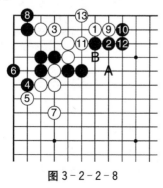

图 3-2-2-8

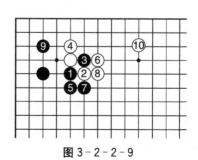

图 3-2-2-9

9. 定式

图３－２－２－９,黑❶压靠,白②扳也是常用手段,在黑征子有利时黑❸可以扭断,强手! 白④立下,黑❺长,白⑥打吃,至白⑩拆,是简明两分局面。

10. 定式

图３－２－２－１０,当白④立时,黑❺改为挡下,这是当初 3 位断的本意,白⑥下扳,黑❼先在下面打一手,逼白⑧长,黑❾贴长,白因征子不利只有 10 位曲。黑⓫再到上面扳,对应至白⑳,白角上已活,黑也有㉑拆,两分。

其中白⑱和黑⑲交换不可省。白⑱如 20 位接,黑则 A 位扳,白难以对应。

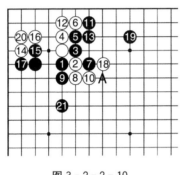

图３‐2‐2‐10

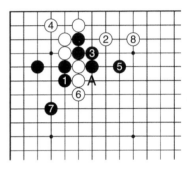

图３‐2‐2‐11

11. 变化图

图３－２－２－１１,若白棋征子有利,黑❶(图３－２－２－１０中的黑❾)贴时,白②可以不在 A 位曲,而到右边点,黑❸只有接上,白④虎渡是兼顾两边的好手。黑❺跳,白⑥和黑❼交换后,白⑧跳,白优。

12. 变化图

图３－２－２－１２,当黑❷(图３－２－２－９中的黑❸)扭断时,白③在右边打后再白⑤长,反而不好。黑❻以下步步紧逼,其中黑⓮压是好手,如在 24 位打,则白 13 位出头,黑不占便宜。黑⓲是弃子前留下一点余味的下法。至黑㉔提白子,白虽吃得黑棋数子,但和雄壮外势的黑棋

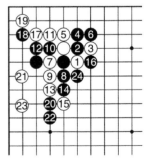

图３‐2‐2‐12

比起来还是亏了。

小结:

黑棋用压靠来对付白棋小目挂多为取势,白棋以挖应为多,变化不多,主要是黑棋不要过分。

三、尖顶应

图3-2-3白棋高挂时,黑❶尖顶并不多见。白②上长,黑❸ ❺扳粘后,白⑥虎,黑❼不能省,否则被白A位飞下,黑不爽。白⑧拆后局势两分。

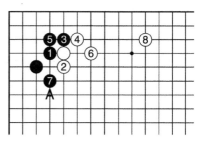

图3-2-3

1. 定式

图3-2-3-1,黑❹接时白⑤也可立下,黑❻仍要尖出,要点! 白⑦补,两分。白⑦如不补,被黑A位刺后成愚形。

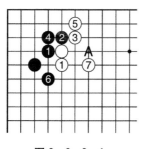

图3-2-3-1

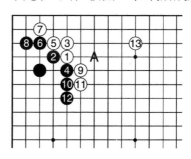

图3-2-3-2

2. 定式

图3-2-3-2,白②尖顶时,白③立也可,黑❹扳,白⑤向角里先曲再回来到9位扳,至白⑬拆,各有所得,两分。以后黑有A位刺的手段。

黑❹如改为5位挡,白即4位长,还原成了白①挂时黑5位飞应、白③位挡、黑2位长的定式。

3. 正解图

图3-2-3-3,当黑❷长时,白③应贯彻原来的意图向角里长才是正确应法,以下黑如A位飞封,白棋可脱先他投。而黑到下面拆也很难选点,太宽则

觉薄味,稍窄则不甘心。

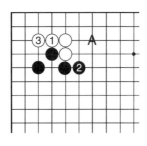

图 3-2-3-3

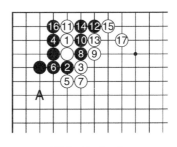

图 3-2-3-4

4. 定式

图 3-2-3-4,黑❷(图 3-2-3-2 中的黑❹)扳时,白③不向角里长而是到下面反扳,黑❹当然挡角,白⑤打后白⑦接上,以下对应成了黑先在 4 位小目应的的定式。以后 A 位是双方要点。

小结:

白棋高目挂,黑尖顶一般是重实利的下法,白棋不外乎有下立和上长两种应法。

四、三三跳下应

图 3-2-4,白棋高目挂时,黑❶到三三跳下应,也不多见。白②尖顶,黑❸立后白④先跳一手是正着,等黑❺飞后再白⑥拆或 A 位拆,如在 B 位压,黑即 C 位压爬四路,白亏。结果两分。

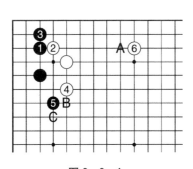

图 3-2-4

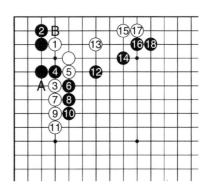

图 3-2-4-1

1. **变化图**

图３－２－４－１,当黑❷立时,白不在６位跳而于３位飞压,黑❹冲,反击,正确! 如Ａ位爬则白７位长出,黑稍亏。白⑤挡,黑❻断,好! 以后连压三手,黑⓬再到右边飞压,白⑬飞,黑⓮再飞压是好手,白⑮越飞越低。至黑⓲,白棋尚要Ｂ位挡一手,否则黑棋还有跳入之类手段。结果白棋处于低位,不爽。

2. **变化图**

图３－２－４－２,黑❹(图３－２－４－１中的黑❻)断时,白⑤不在Ａ位长而向左边挡,黑❻ ❽扳粘,是凭先手安定黑角。白⑨跳,黑⓾长,白⑪防黑Ａ位冲下,以下和图３－２－４－１相同,还是黑优。

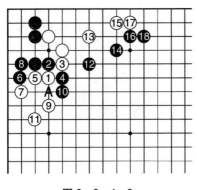

图３-２-４-２

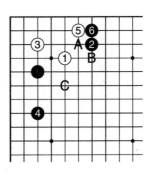

图３-２-４-３

3. **定式**

图３－２－４－３,白①高挂时,黑❷反夹,是在右边有势力时的变着。白③向角里飞是最佳下法,黑❹在左边拆二是因为右边原有黑子配合,白⑤飞是为了巩固角地,黑❻挡,白得先手,应是两分。

白⑤如改在Ａ位尖顶,则黑Ｂ位长,白要Ｃ位跳出防黑棋封锁,黑得先手,白不爽。

小结:

白棋高目挂,黑棋三三跳下是在特殊情况下的一种趣向。一般很少这样下,因为其地位略低。但白棋也不能过分,因为黑棋已安定,可以对白棋发起反击。

第三节 三三侵入

图３－３,黑❶高目,白②直接侵入三三是对目外的一种特殊下法,这和外面黑白配置有关。是以实利为主,而把外势让给黑棋。白棋在进入三三前对此一定要心中有数。

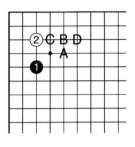

图３－３

一、小飞应

图３－３－１对于白点三三,黑❶飞封,白②托是正应,黑❸扳,白④虎,黑❺当然挡住,白⑥扳,黑❼接是本手。白⑧争出头,要紧!黑❾托角,白⑩扳时黑⓫点,好手筋!至白⑭接后,白得角,黑得雄厚外势,局部应是黑优。但在点三三时白棋在下面应有一些势力的,所以还应是两分。

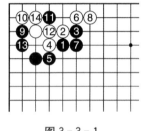

图３－３－１

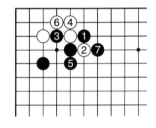

图３－３－１－１

1. 参考图

图３－３－１－１,黑❶扳时白②断,这一定要在白棋征子有利时才成立。黑❸、❺一打一长是在此型中常见的下法,至黑❼征白②一子。所以当初白②断时如果征子不利则为无理手。

2. 定式

图３－３－１－２,白①(图３－３－１－１中的白②)断时,若黑棋征子不利,则黑❷打后黑❹不在 A 位长而是接上,白⑤曲,黑❻长常用,白⑦先挤一手,逼黑❽接上后再白⑨长,次序好!这就防止了黑 B 位的夹,黑❿和白⑪交换,黑⓬立是先手,白⑬补活,黑⓮拆后,应算两分。

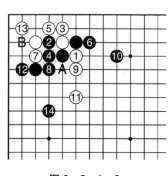

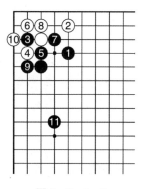

图 3-3-1-2

图 3-3-1-3

3. **参考图**

图３－３－１－３,黑❶飞压时白②在二路飞,弱!黑❸马上托,以下交换至黑⓫拆,白在低位,明显黑优。所以白②飞非万不得已不可下。

小结:

白三三点角,变化不多,但多被封锁在内而黑外势雄厚。如白外面无充分势力相对抗则不宜采用。

二、一间反夹及二间反夹应

图３－３－２,在右边有黑棋子力配合时,黑❷也有反夹的,白③尖,黑❹在下面尖应是方向正确,白⑤压出,黑❻跳,至白⑨后黑如两边均无子力接应,则A、B两处只能顾及一处,那将展开战斗。

以后黑有C位点的杀手,白角将失去眼位,白棋要时刻注意。

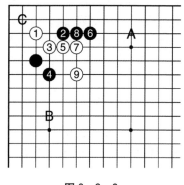

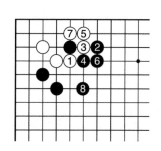

图 3-3-2

图 3-3-2-1

1. 定式

图３－３－２－１,黑❷(图３－３－２中的黑❻)跳时白③挖,黑❹在下面打,方向正确。双方对应至黑❽,局部黑棋有利。但白角得利不小,还获先手。如这个先手的价值能抵消黑外势之利,还是两分。

2. 变化图

图３－３－２－２,白①(图３－３－２中的白⑤)压时,黑❷不跳而长是滞重的下法,白③不再在Ａ位压而转到下方３位靠,黑❹扳,白⑤断,是白棋计划之中的一手棋。黑❻打后至黑⓬均在三线,白⑬打后外势整齐,白好!

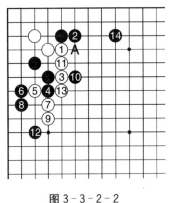

图３-３-２-２

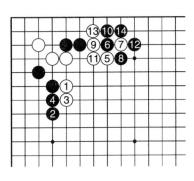

图３-３-２-３

3. 变化图(白好)

图３－３－２－３,当白①(图３－３－２－２中的白③)压靠时,黑❷不扳而跳,白③再长一手,黑❹接后白⑤到右边夹击黑两子,黑❻托,白⑦扳。至黑⓮提白一子,弃去角上两子,两块棋都很厚势,而白棋断下黑两子,大致两分。但白得先手,应稍优。

4. 定式

图３－３－２－４,黑❶对白三三一子二间夹,白②仍用小尖,黑❸跳起,以下对应至黑⓭是常形,结果是外势和实利的各得其所。虽黑外势稍优,但白得先手,应为两分。

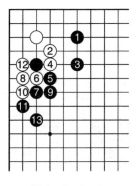

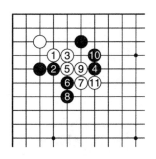

图 3-3-2-4　　　　　　　　　　图 3-3-2-5

5. 定式

图 3-3-2-5,白①尖时黑❷贴挺,等白③长时再黑❹飞出,白⑤曲、白⑦扳都是为了出头,至白⑪曲虽形状稍愚,但很实在,以后黑大概要在右边补,应为两分。

6. 定式

图 3-3-2-6,黑❶夹时,白②小飞应也是一法,黑❸上挺,白④再飞压,黑❺尖是手筋,白⑥必须交换,以下至白⑩局部黑厚,又得先手,似乎是黑稍优。但白在采取这个定式时也一定在下面有子力配合,形成势力,所以应是两分。

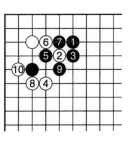

图 3-3-2-6

小结：
三三侵入只有在外势有配合时才能采用。

三、靠下应

图 3-3-3,白三三时黑❶靠下,严厉！但要在征子有利时才能成立。白②扳,黑❸退,白④扳是正形。黑❺断至黑❾征吃白子是常见的对应,如白④一子不能逃出则黑大优。以后黑还有 A 和 B 位两处先手之利。

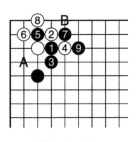

图 3-3-3

1. 变化图

图３－３－３－１,若黑棋征子不利,即于外面２位断,白③打后也是常见之形,双方均,可下。

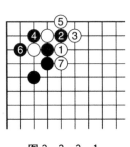

图 3-3-3-1 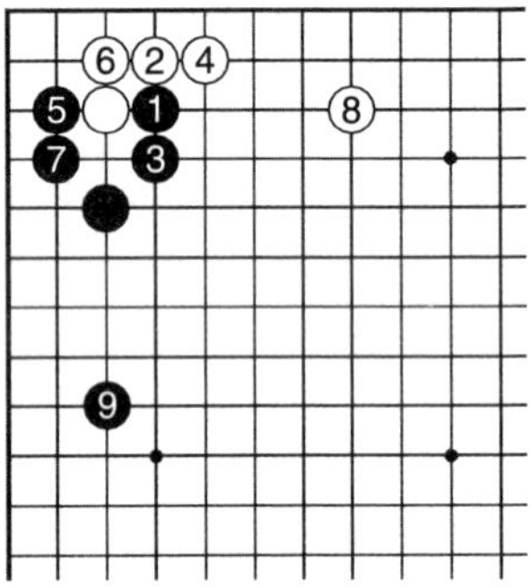　　　　　　图 3-3-3-2

2. 定式

图３－３－３－２,黑❸退时,由于白棋征子不利,白④只好二线长出,黑❺夹,白⑥接,黑❼退是先手便宜,白⑧当然要飞,黑❾拆后,黑稍优。

3. 变化图

图３－３－３－３,黑棋为了简明一些,只在１位小尖,白②长,黑❸扳,至黑❼长明显白在低位,不好! 黑❶尖时白②如３位跳,黑即２位冲,黑 A 位挡后就还原成前面靠的下法。

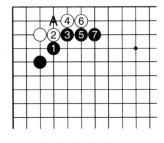

小结:

对于白棋点三三黑棋靠下可以成立,白很难满意。

图 3-3-3-3

总之,目外定式比较复杂,比起小目来有时实利稍亏。只有在配合全局为取外势时下适用。初学者还有一法以供参考。即不急于挂角,而脱先他投,而目外处总欠一手棋,如再补一手也不过是无忧角而已。

第四章　高目定式

图 4,黑❶在比星位高一线,也就是第五线上,叫做"高目",这是为了取势,而角部比较空虚,在对局中较少见。白在 A 位挂,白如脱先,那就成为下小目黑高挂的定式了。另外,白还有 B 和 C 位挂。但以 A 位居多。

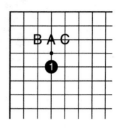

图 4

第一节　小目挂

图 4－1,黑❶高目,白②以小目挂应最多,黑方以 A 位内托、B 位外靠、C 位飞三种应法为多,也有 D 位大飞或 E、F 位反夹的。

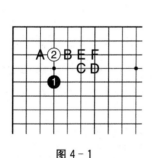

图 4-1

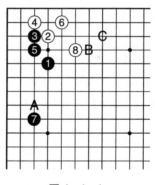

图 4-1-1

一、内托应

图 4－1－1,黑❶高目 ,白②挂时黑❸内托较为常见,白④扳,黑❺退,白⑥虎,黑❼拆,白⑧飞出,是一典型的两分定式。黑❼也有在 A 位拆的,较坚实。白⑧在 B 位飞也是一法,还有为了配合右边形势也可下在 C 位。

1. 参考图

图 4－1－1－1(接图 4－1－1),白①在下面拦,黑❷如脱先,白③可以打入,黑❹压,白⑤顶,以后对应至黑❿虎下是双方正常对应,白棋先手得利。

217

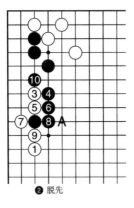

❷脱先

图 4 - 1 - 1 - 1

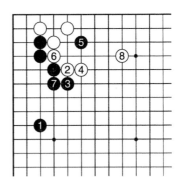

图 4 - 1 - 1 - 2

2. 定式

图 4 - 1 - 1 - 2，在白棋右边有一定势力时，黑❶拆，白②即靠出，黑❸扳，白④长，黑❺点是手筋，正是时机。迫使白⑥顶，黑❼顺势接上，而且以后黑❺一子有种种利用，白⑧拆边后应是两分。

3. 参考图

图 4 - 1 - 1 - 3，当黑▲(图 4 - 1 - 1 - 2 中的黑❼)拆后，白棋脱先，黑❶在适当时机可以大飞压近白棋，白②尖是正应，黑❸退后白棋已活可以脱先。白棋虽在低位但已脱先两手，应有所获，所以仍为两分。以后黑 A、B、C 点可根据外部形势而下。

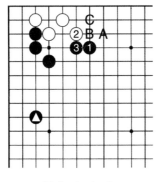

图 4 - 1 - 1 - 3

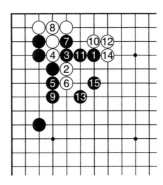

图 4 - 1 - 1 - 4

4. 变化图

图4-1-1-4,黑❶大飞时,白②靠出,黑❸内扳抵抗,白④肯定断,黑❺退,白⑥压,黑❼打是先手便宜,白⑧接后黑❾长,白⑩靠单是好手筋,所谓"逢单必靠"。黑⓫接,白⑫退后至黑⓯封住白子。白虽被吃掉两子,但争到先手和白⑭的出头,应是两分。

5. 参考图(白亏)

图4-1-1-5,白④断,黑❺长时白棋不在9位压而到6位打,黑❼❾马上包打,白被封在内,大亏。初学者切记不可上当!

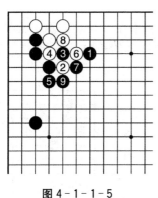

图4-1-1-5

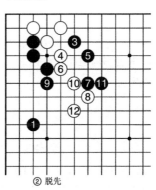

② 脱先

图4-1-1-6

6. 参考图

图4-1-1-6,白②脱先时,黑也有在3位夹击的,白④尖出,要点!黑❺尖,白⑥压时黑❼跳,白⑧顶是争出头的手筋,前面定式中已多次介绍,初学者要学会使用。至白⑫是脱先定式的一型。白棋已脱先一手,出头又很畅,可以满意,黑两边均有相当势力,可算两分。

7. 参考图

图4-1-1-7,白①顶时(图4-1-1-6中的白⑧)黑❷冲下,无理,白③冲,黑❹曲断下白①一子,但白⑤飞下,黑得不偿失!黑大亏!

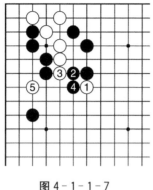

图 4-1-1-7

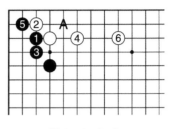

图 4-1-1-8

8. 定式

图 4-1-1-8,白②扳,黑❸退后白棋不在 A 位虎而到 4 位拆一是轻灵下法,黑❺扳作用大!白⑥拆二。此定式要注意的是白④不可拆二,如拆二则黑可 A 位点入。

9. 定式

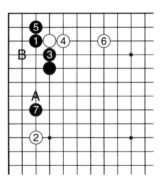

图 4-1-1-9,黑❶靠下时,白棋为配合下面自己的势力在 2 位反夹,黑❸顶,白④长出,白不可再脱先,因为如被黑在 4 位打后黑棋太厚。黑❺立下,要紧!白⑥拆二后,黑❼拆也不可省,否则白在 A 位拆二黑棋被动。结果两不吃亏。如 7 位一带原有白子,黑❺就在 B 位虎才是正应。

小结:

图 4-1-1-9

对付高目用内托应多是重实地,定式不多,容易掌握。而且多有被托后而脱先的,这一定要看清周围配置,否则会吃亏。

二、外靠应

图 4-1-2,白②挂时,黑❸改为外靠,是防止白棋扩张外势时采取的下法,但一定要在征子有利时才可下。

白④下扳是唯一的正确应法,黑❺退,黑❼断是弃子,至黑⓫是常用下法,白⑫压是准备 B 位攻击黑棋,也有 A 位飞出的。黑⓭一般应飞出,如果此处被白飞下,黑被封在内,不爽!白⑫一般也不脱先,否则被黑 C 位跳,白苦。

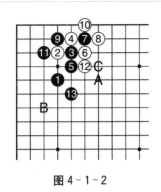

图 4-1-2

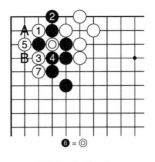

图 4-1-2-1

1. 参考图

图 4-1-2-1,角部白棋尚有官子利益。白①打,黑❷立阻渡,过分!白③打后经过交换,至白⑦,角上将被白活出一块。

黑❷改为 4 位提才行。但白 2 位打,黑 A 位反打,白可◎位提劫。如白劫材丰富,黑需 B 位补一手。

2. 定式

图 4-1-2-2 黑❶(图 4-1-2-1 中的黑❺)退时,白②不在 A 位扳是重视外部的下法。黑❸ ❺夹退,大极!白⑥黑❼各自开拆。但白棋在低位,除非右边有一定子力配合才不亏。

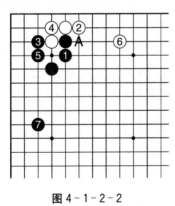

图 4-1-2-2

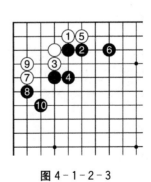

图 4-1-2-3

3. 定式

图 4-1-2-3,若下面黑棋有相当势力,白①扳时,黑❷可以退,白③必

然顶,应至白⑨退,黑❿尖是手筋。结果,白得实利不小,黑外势还有薄味,又是后手,如和外势配合得当,应是两分。此型在对局中较少见,但初学者不可不知。

小结:

外靠是为寻求转换,但首先要注意到征子。要学会"棋从断处打",也就是"哪边断,哪边打"。

三、小飞应

图4-1-3,黑❶小飞罩对付白棋小目是贯彻黑❶高目时取势的原来意图,变化较多。

白②到左边托,黑❸扳至白⑥飞简明,白得角,黑得外势局部两分。

白⑥如脱先黑可A位飞,白B位挡,是先手便宜。

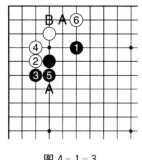

图4-1-3

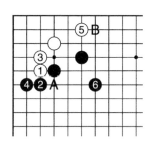

图4-1-3-1

1. 定式

图4-1-3-1白③(图4-1-3中的白④)退时,黑❹立下也是常见之着,白⑤仍然飞出,黑❻飞,轻灵生动! 既间接补了A位断点,又为B位靠下做了准备工作。这是黑棋配合下边形势的下法。

2. 定式

图4-1-3-2,白①托时黑❷顶,白③退,黑❹断,白⑤打,黑❻长一手是"棋长一子方可弃"。以下对应至黑⓰接,是典型的高目定式之一。

初学者要领会到黑❻长的手筋和先在8位打再10位扳的次序。结果白得角,黑得外势但上面有A位露风,白又得先手可以满足。

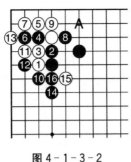

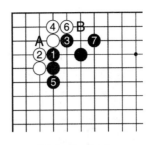

图 4-1-3-2　　　　　　　图 4-1-3-3

3. 定式

图 4-1-3-3,当白②(图 4-1-3-2 中的白③)退时,黑❸不在 A 位断而到外面虎,是为配合右边势力的选择。白④立下,稳健! 黑❺挺出,白⑥曲,黑❼尖,和原意相合,正确! 如在 B 位虎,则白有 7 位刺的利用。

由于有了 6 位的曲,白可脱先了。

4. 定式

图 4-1-3-4,黑❸虎时,白④接上也是正常对应,黑❺长,白⑥跳,简明! 以后一般黑在右边拆,两分。

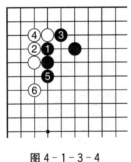

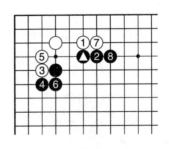

图 4-1-3-4　　　　　　　图 4-1-3-5

5. 定式

图 4-1-3-5,黑▲飞罩时,白①改右边托是在征子有利时采用的下法,黑因征子不利只有 2 位长,稳健! 白③再转身到左边托,等黑⑥接后再 7 位长是次序,结果白角部实利不小加上先手,黑棋外势雄厚,两分!

6. 定式

图 4－1－3－6，白①托，黑❷扳是征子有利时必然的反击。白③断后黑❹❻一打一长是常见下法，白征子不利时在 7 位打，黑❽穿下后再 10 位补，黑获利太大，白虽有外势加先手，还是稍亏。

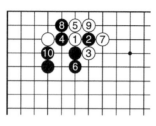
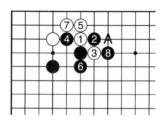

图 4－1－3－6   图 4－1－3－7

7. 定式

图 4－1－3－7，当黑❻长时，白⑦不在 A 位打，改为上面曲，黑❽征白③一子，结果还算两分。因为白还有一子引征之利，黑如征子不利则只有 A 位平，白③一子余味有多种利用，应是白稍好。

8. 参考图

图 4－1－3－8，白③扭断时，黑❹直接长是强手，当然是征子有利才这样下。白⑤打，黑❻立，对应至黑❿后，黑棋 A、B 两手必得一手，白棋崩溃。

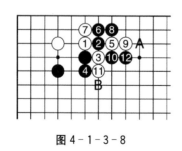

图 4－1－3－8   图 4－1－3－9

9. 定式

图 4－1－3－9，白①托，黑❷扳，白③扭断而虎，黑❹挡必然。白⑤扳，黑❻接，白⑦要紧！争出头。以下对应至白⑬，黑可脱先。虽是定式，但大多数

224

人认为黑优。

10. 定式

图 4－1－3－10,黑❹打后再黑❻接上,也是一法。白⑦曲,黑❽长出, 白⑨挤正是时机。

以下对应至白⑲,双方互不相让,将在中盘开展战斗。双方均要有充分 准备。

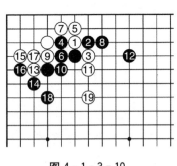

图 4－1－3－10

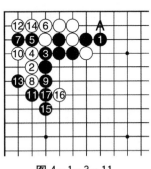

图 4－1－3－11

11. 参考图

图 4－1－3－11,黑❶(图 4－1－3－10 中的黑❽)长时,白②不在 3 位挤,而改为托,黑❸就团住,以下对应至黑⓱接,和图 4－1－3－3 相似,但 上面黑棋没有了 A 位露风,结果黑优。

12. 定式

图 4－1－3－12,当黑❸飞罩时,白④脱先,黑 ❺再次飞攻,白⑥象步飞出,轻灵! 以下至白⑩飞出, 白以后还有 A 位的先手利用,白不坏。

黑❺后白不能再脱先,如被黑再 6 位一带补上一 手,黑太大!

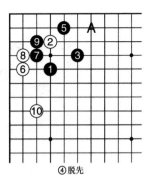

④脱先

图 4－1－3－12

13. 参考图

图 4－1－3－13,黑❶(图 4－1－3－12 中 的黑⑨)长进角时,白②靠是欺着。黑❸扳,中计! 至白⑥,白大占便宜。黑棋

是强处补强,子力过分集中,重复。

黑❸应在 A 位一带夹击白棋,才是正确方向。

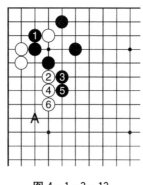

图 4－1－3－13

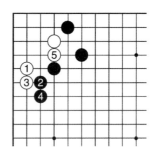

图 4－1－3－14

14. 变化图(白优)

图 4－1－3－14,白①(图 4－1－3－12 中的白⑥)象步飞出时,黑❷尖,白③长后白⑤顶。黑棋花了三手棋,原得到的角地被白夺去,而外势并不厚实,可见黑❷是过分之着。

15. 变化图

图 4－1－3－15,白①象步飞,黑❷小飞应,白③顶,黑❹反顶,以下至白⑨,白获实利很大,虽然被封,但加上原来脱先一手的利益,白好!此图黑棋外势比图 4－1－3－14 要厚实一些,如有相当外势配合也可下。

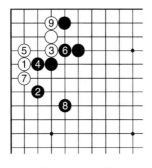

图 4－1－3－15

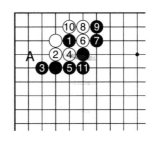

图 4－1－3－16

16. 定式

图 4－1－3－16，当白脱先后，黑❶尖顶，是一步不让白棋转身的好手，白②顶，黑❸立，强手！至黑⓫，白先手活。应是黑好。

白如劫材有利时，白⑧可在 10 位提，以后在 9 位虎，大极！黑如 8 位打，白即 9 位开劫。黑如 9 位立，白即 A 位跳下。

小结：

用小飞罩白小目挂，是为取外势，其变化比较复杂。白棋以两边托应为主要应手。也有较简单的变化。初学者可选择使用。

四、大飞罩应

图 4－1－4，白②挂时，黑❸大飞罩，这是用高压手段得到外势，企图紧封白棋。白棋一般有 A 位跳和 B 位托的应手。

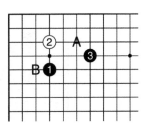

1. 定式

图 4－1－4

图 4－1－4－1 黑❸大飞罩，白④向右边跳应是在做准备工作。等黑❺挡后再白⑥出，是弃子手筋。黑❼扳，白⑧断，黑❾打时白⑩正好利用白⑥一子打吃，白⑫长出头。结果黑得外势加先手，白得实利和 12 位的出头，双方均可满意。

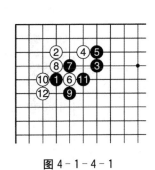

图 4－1－4－1

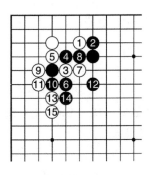

图 4－1－4－2

2. 参考图

图 4－1－4－2，黑❻（图 4－1－4－1 中的黑❾）打时，白⑦长出有点

过分,但黑也要小心对应才行。黑❽接后白⑨再打,白⑪长时黑⓬是缓手,因为中间白棋两子已失去了活动能力,可以不必理会。现在白⑬扳,大极!黑⓮曲白⑮长出后和图4－1－4－1比较即可见黑亏!

3. 定式

图4－1－4－3,当白①(图4－1－4－2中的白⑪)长时,黑❷跳才是正应,白③挺出不可省,黑❹再跳补,结果黑外势越来越厚实,应是黑优。

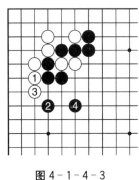

图4-1-4-3

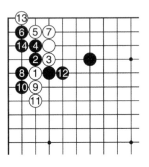

图4-1-4-4

4. 变化图

图4－1－4－4,若黑子征子有利,黑❹入角时,白无法在12位征吃黑子,只有到角上⑤ ⑦扳粘。黑❽ ❿连打两手后在12位挺出,白⑬扳黑⓮接后黑已活,白被分为两处尤其是上面一块白棋尚要苦活,当然黑好。

5. 变化图

图4－1－4－5,白棋不满图4－1－4－4的结果,当黑❿在二线上长时白不在13位长,而改为左边打以争取出头。

黑⓬长,白⑬只有长,以下黑连压四手后再到角上22位立补活。白㉓尖还是争出头。黑㉔尖,好手!以下至白㉗接后黑得先手,可根据外面形势决定攻击哪一块白棋,所以是黑棋主动。

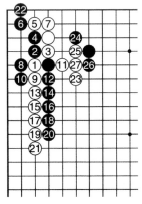

图4-1-4-5

小结:

大飞罩是为取势,但由于稍宽,则有虚张声势之嫌,并不可怕,对应也不复杂。至于脱先后仍有活动余地。

五、一间反夹及二间反夹应

图4-1-5,白②小目挂,黑❸到右边隔一路反夹并不常见因为黑❸一子只有在黑右边外势很强时才能采用。白在A位托有点复杂,多在B位尖出。

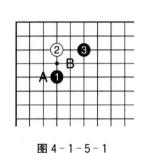

图4-1-5-1 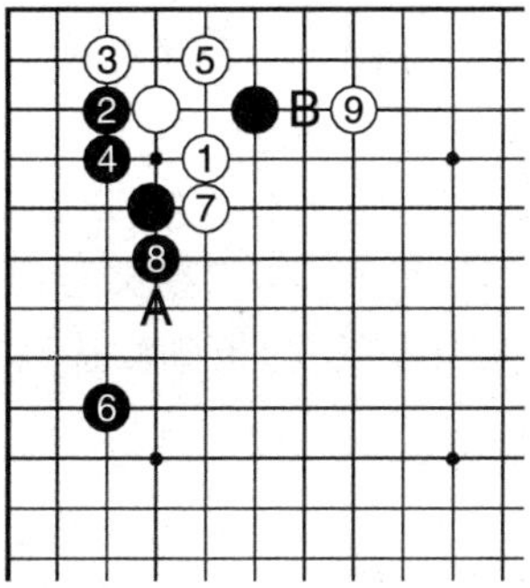　　　　　　　图4-1-5-1

1. 定式

图4-1-5-1,白①尖出是正应,黑❷托角,白③扳,要点! 白⑤虎是本手。对应至白⑨夹,黑白各有所得,两分!

黑❻如在A位跳,则白应B位靠。

2. 定式

图4-1-5-2当白①(图4-1-5-1中的白⑤)尖时,黑棋不在左边拆,而改为右边尖,企图两边都要,过分了一点,贪! 白③压出,至白⑦跳后黑棋右边两子有点为难。

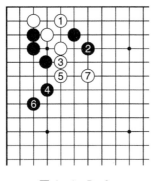

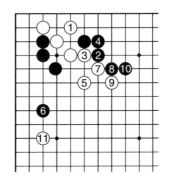

图 4－1－5－2　　　　　　　　图 4－1－5－3

3. 定式

图 4－1－5－3 黑❷尖时，白③在挤也是好手筋。黑❹接后，白⑤跳，黑❻拆，对应至黑❿长，白抢到⑪逼后应稍优。

4. 参考图

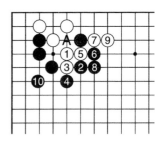

图 4－1－5－4，白①尖时，黑❷跳封有些骗着的味道，但③⑤冲后，白⑦断，正确！黑❽只有接上，白⑨长出，黑❿虎，白得先手，稍有利。白⑦如先在 8 位打，白即 A 位挤入，白崩溃。

图 4－1－5－4

5. 定式

图 4－1－5－5，白①也可用向外小飞对付黑棋的二夹间，这是转身的下法，以确保 3 位托角。黑❷挡正确！对应至黑❽为常形。双方可以接受。

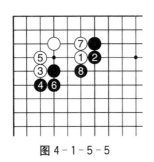

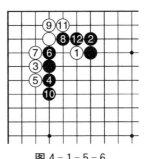

图 4－1－5－5　　　　　　　　图 4－1－5－6

6. 定式

图４－１－５－６,白③托时,黑❹退,白⑤长,黑❻顶后至黑❷接,白得实利,黑得外势,但白是先手,还是两分。

小结:

黑棋用反夹是想得到外势,白棋只要以实利为主,一般不会吃亏。

第二节　三三点入

图４－２,白棋直接点三三侵入高目,是为了取得实利的下法,黑棋如 A 位应,即成了黑原下在目外、白进入三三、黑飞封的定式。另外,黑有 B 位尖顶和 C 位尖的应法。

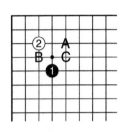

图 4-2

一、尖顶应

图４－２－１,黑❶尖顶白三三一子,是重视下面的下法,在黑下面有▲子时才能使用,否则大损。而且黑▲一子如太近则亏,太远则白有 A 位点入的手段。所以黑棋一定要看准才行。

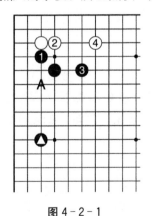

图 4-2-1

图 4-2-1-1

1. 变化图

图４－２－１－１,当白②长时,黑❸尖是想压低白棋,白④飞,黑❺跳是本手,白⑥必然飞出,黑❼跳补。但在外部有相当的白子接应时,白仍有 A 位的点入,黑❺如直接 7 位跳,白即 5 位飞出,左边黑棋阵势变薄。黑稍优。

二、向外小尖应

图４－２－２，白②点三三，黑❸向外小尖应，形状有点呆滞，对白棋影响不大，但很厚实，目的是不让白棋取得调子的意味。白④的小飞有点讲究，初学者要懂得"向有子一方出"。因为下边有▲一子，所以白④向下边飞，如Ａ位有黑子则应在Ｂ位飞。黑❺尖顶后白⑥向下长，方向正确！以后Ｃ位飞出是常识。结果要看黑棋外部配置。

另外，黑❺顶时白如Ｄ位立则方向有误。

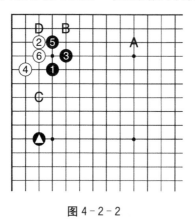

图４－２－２ 　　　　　　 图４－２－２－１

1. **参考图**

图４－２－２－１，上接图４－２－２，在适当时机黑❶靠下，白②扳出，黑❸挤入，白④打，黑❺打后对应至白⑧贴长时黑❾不得不吃，否则白如９位长出，则黑棋下面▲一子几乎成了孤子，将受到攻击。当时白如在９位立，黑❶挡下后，白棋无法２位扳出。

2. **参考图**

图４－２－２－２，白棋原在◎位立下，黑❶搭时白②只好顶，黑❸挡，对应至白⑥补活，黑❼接后外势整齐，白被紧封在内，明显不利。白⑥如不补，黑Ａ位扳后角部是劫活。

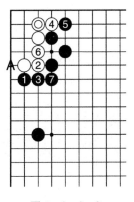

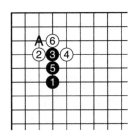

图 4－2－2－2　　　　　图 4－2－2－3

3. 参考图

图 4－2－2－3,白②三三侵入,黑❸靠下,白④夹是关键的一手棋,黑❺接正确,白⑥渡过。以后黑或 A 或 B 两处断一处。

其中白④如 6 位扳,则黑 4 位长,白不利。黑❺如 6 位立,白即 5 位挖,黑将没有后续好手。

第五章　三三定式

图 5-1,黑❶落子在横竖都是三线的交叉点上,所以称为"三三"。这在古代被称为禁区,认为位处低线,发展前景不佳。但它可一手占住角上实地,可导致全局步调加快,所以又曾一度为棋手所喜爱。近来重视外势,这种定式在对局中又少见了。

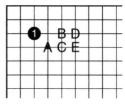

图 5-1

白棋大约有 A 至 E 等处对付这一手。

由于三三定式不多,所以不再分类。

1. 定式

图 5-1,白②在星位尖冲,黑❸长,白④当然长,黑❺飞后白⑥拆二,黑❼再向另一面飞,白⑧拆二,黑先手得到实利,白得外势,两分。有时黑❼个和白⑥做交换即脱先。

2. 参考图

图 5-2,白①肩冲时,黑❷因右边有△一子,所以长的方向正确,白③长后黑❹飞正好对着白◎一子,黑好!

初学者切记:"向无子(对方)方向长,向有子(对方)方向飞。"

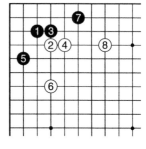

图 5-2

3. 参考图

图 5-3,黑❷长,方向错误! 黑❹飞后白不在 A 位拆了,而是 5 位曲下,和白◎一子正好配合。而黑❹却处于低位,当然白稍好。

如黑无△一子,白⑤后黑尚可 B 位飞出,可算两分,现在如飞出就有重复之嫌!

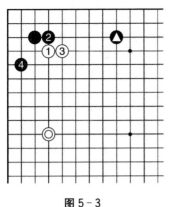

图 5-3

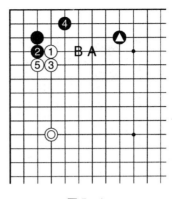

图 5-4

4. 参考图

图 5-4,白②拆后黑③脱先也是常见的下法。白④曲下,黑⑤可以靠出,对应至黑⑬长,黑虽在低位,但已脱先一手,不算吃亏。但白棋外势雄厚,黑棋要有准备才行。

5. 定式

图 5-5,白①长时,黑❷曲是很实在的下法。白③跳,好! 黑❹长,白⑤飞出。黑角很坚实,白外势也不错,应是两分。以后黑可酌情于 A、B 两处选其一处。

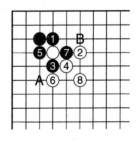

图 5-5

6. 定式

图 5-6,黑❶长时,白②跳是为配合外围形势而下出的轻盈手段。黑❸夹是常形,白④虎,黑❺打,白⑥反打,黑❼提,白⑧虎后黑得实利,白得外势,以后黑在 A、B 两处均是先手扳,局部两分。但如白外面配合不当,则黑有利。

7. 定式

图 5-7,白②扳时,黑③退稍松,但白④跳后黑能取得先手也不坏,这也是三三基本定式之一。

图 5-6

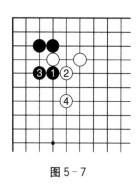

图 5-7

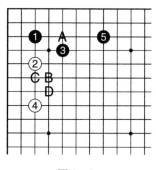

图 5-8

8. 定式

图 5-8，白②对黑❶一间挂，黑❸小飞应，白④拆二，黑❺大飞，也是定式。黑❸也有为争先手在 A 位拆一的，不过在适当时机黑可 B 位飞压，一通过白 C 黑 D 交换扩大自己的中腹势力。

9. 定式

图 5-9，黑❷用小飞应白①的大飞挂，这是和周围形势配合的一手棋。由于黑❷是小飞，所以白⑤碰时经过交换至黑❽立下，不会吃亏。但要注意，由于黑❷是小飞，黑❹就应拆近一路。而白⑨和黑❿可暂时不做交换，保留余味。

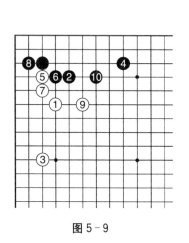

图 5-9

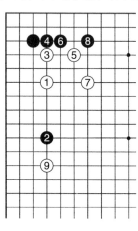

图 5-10

10. 定式

图 5 - 10,白①大飞挂,黑❷到下面反夹,白③　⑤　⑦用轻灵的方法对应,是因为黑❷一子较远。黑❽跳后白⑨反夹黑❷一子。结果要看双方外部情况才能决定各方优劣。

11. 定式

图 5 - 11,白①在目外挂对付黑三三大多是配合下面白棋而下的,因为嫌离黑棋稍近了一些。黑❷拆一是稳健下法,白③拆二,还原成白先下目外、黑三三挂、白拆二、黑跳的定式了,黑稍占便宜。以后各自可根据形势,白有 A、B 两点的选择,而黑方则是 B 或 C 为好点。

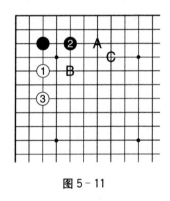

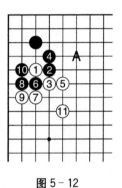

图 5 - 11　　　　　　　　图 5 - 12

12. 定式

图 5 - 12,白①一间挂,黑❷压靠,这是黑棋为了早期定型的下法,白③扳,黑❹退,白⑤上挺是重视外势的下法,对应至白⑪,应是两分。以后 A 位是双方必争的要点。

13. 定式

图 5 - 13,黑❸(图 5 - 12 中的黑❹)退时,白④虎则是重视实利的下法。黑❺扳,白⑥反扳,黑❼长,应是两分。黑❼如 A 位扳,则白 7 位打一手,等黑 B 位接后再白 C 位长,黑 D、白 E、黑 F 接,结果大同小异。

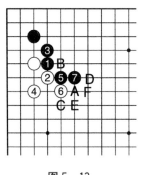

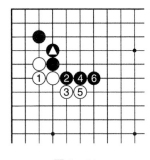

图 5 - 13　　　　　　　　　　　图 5 - 14

14. 定式(场合)

图 5 - 14,黑❷退时,白①接是在下面有相当势力时才可采用的下法,但有些滞重,失去弹性。对应至黑❻长后,局部黑好,但下面如有白子配合得当时,则为两分。

15. 定式

图 5 - 15,白①二间挂,对黑三三一子的影响不如一间挂严厉。黑❷飞为要点,白③拆二,黑❹拆,彼此安定,白得先手,可算两分。白③如改为 A 位跳,则黑 B 位补,白即 C 位拆,白稍亏。图中白③不能不拆,否则黑 D 位飞下,白苦。

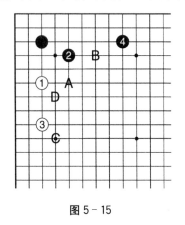

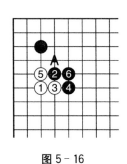

图 5 - 15　　　　　　　　　　　图 5 - 16

16. 定式

图 5 - 16,白③挺出时黑❹扳,强手! 白⑤向上曲,正确! 黑❻接后是两

分局面。以后黑要补角,白可拆边。这将根据各自外面形势而定。

17. 变化图

图 5 - 17,当黑❹扳时白⑤反扳,黑❻抓住时机挡角,白⑦打,黑❽接,白⑨也接上,黑❿断,以下是双方必然对应。至白⑲虎补,黑得角部实利不小,且得先手,白大亏。白⑦如改为 11 位虎,黑即 7 位长出,仍是黑优。

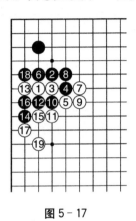

图 5 - 17

图 5 - 18

18. 定式

图 5 - 18,白①挺时,黑❷跳是黑棋右边有势力时才采用的轻盈下法。白③曲还是要点,黑❹长,白⑤拆,黑❻虎,得实利不小,但白得先手,仍为两分。

19. 定式

图 5 - 19,白①一间挂时黑❷反夹,白③靠下,黑❹扳,白⑤退,至白⑨大跳。黑棋处于低位,不好! 黑❻如在 B 位扳,白⑦即 8 位断,可征吃黑 B 一子,仍是白好!

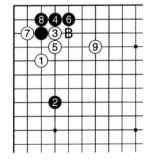

图 5 - 19

20. 定式

图 5 - 20,白①二间挂,黑❷二间高夹,前两图都不合适。白③对三三一子肩冲,以下对应至白⑨补方,应是两分。

黑❻如 B 位飞,白即 C 位跳,仍为两分。

小结:

三三定式变化较简单,夹击多是在外势配合下使用的手法,本身不是生动下法。

由于定式比较简单,序盘和中盘也是比较单调的。

定式介绍到此为止,主要是介绍了一些定式的基本型,难免挂一漏万。只不过是让初学者对定式有一个大概了解。如要进一步了解,就要参阅各种研究定式的专题和随时出现的新型。

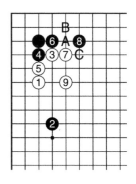

图 5－20